中村メイコ

もう言っとかないと

聞き手 古舘伊知郎

集英社インターナショナル

もう言っとかないと

はじめに

八十四歳になりました。二歳八か月で芸能界の仕事を始めたので、芸能生活八二年目。神津《こうづ》善行《よしゆき》さんとの結婚生活も六一年、昨年がダイヤモンド婚式でした。長女のカンナも今年十月、還暦を迎えます。いろんな方と出逢って、いっしょに仕事をして、いっしょにお酒を飲んで、結婚もして、三人の子供ができて、子育てをして、義母と母の介護をして、いまも仕事を続けて……本当に瞬く間に、八四年が過ぎていきました。

振り返ってみると、それなりに、いい人生を過ごせてきたなぁ。

ずいぶん前から、もう充分なくらい生きられたと思っているんです。八年前に『人生の終いじたく』（青春出版社）なんて本も出しましたが、なかなかお迎えがやってこない……。

最近、ことあるごとに、神津さんと話していることがあります。

「東京オリンピックはお互い、観ることはできないよね」

正直なところ、観てみたい気持ちもあるんです。

ずっと、テレビの仕事をしてきた私は、東京オリンピックとの奇縁を感じていますからね。戦前の昭和十五（一九四〇）年に開催予定だった東京オリンピックは、日中戦争勃発で中止になってしまいました。誘致決定と中止の発表は大ニュースになったそうですが、ものごころがつく前でしたから、よく覚えていません。でも、オリンピックのテレビ中継計画は誘致決定と同時にスタート。中止決定が決まってからも、実験放送は続けられていて、子役時代、日本のテレビドラマ第二作『謡と代用品』など、いくつも実験放送、試験放送に出演しているんです。

高度経済成長期の東京オリンピック開催当時は民放各局が開局、昭和三十五（一九六〇）年にカラー放送が始まり、毎日のようにレギュラー番組がありました。

神津さんによると、次の東京オリンピックに向けて、今年の年末からすごくきれいで超高画質の新４Ｋ８Ｋ衛星放送が始まるそうです。この世に未練はありませんが、日本のテレビの生き証人として、テレビ放送が始まった頃からは想像できないくらいに技術が進歩したオリンピック中継も、観てみたいとも思うのですが……。

私の母、チエコは平成七（一九九五）年、八十五歳で亡くなっています。その二年前の夏に『おチエさんの老青春を生きる』（海竜社）という本を出版。いまの私と同じ年齢だったのに、〝老青春を生きる〟なんて、私より全然、若々しかったみたいですけれどね。

ここ数年、古舘伊知郎《ふるたちいちろう》さんと親しくさせていただいています。

古舘さんは何ていうのかなぁ、相手の言っている言葉への感度、咀嚼力《そしゃくりょく》がすごく高い。話をしていて、私の気持ちをうまく汲み取り、正しく解釈していただき、私の伝えたいことを私よりも正鵠《せいこく》を射《い》た言葉で表現してくださいます。

自慢めいた話になりますが、古舘さんほどではないにしろ、私も若い頃、そんなことができたと思う。似ているところがあると感じるんです。

そして、そこがいまのテレビやラジオの司会者、MCに欠けていることです。

最近、トーク番組や対談番組を観ていて、何が面白くないかというと、相手の言っていることを咀嚼しないうちに次の質問に移ってしまう。生放送でもきっちりとしすぎた台本を事前につくり、段取りで構成をしていこうとするから、いくらでも深掘りできる大事なことを言っても、流してしまう。結果、何の厚みもない番組になってしまうんです。テレビの技術はものすごく進歩しているのに……。

考えてみると、この世には何の未練もありませんが、いま言っておかないと、と思っていること、私が遺していくべきことはあるみたいです。

そこで、古舘伊知郎さんに聞き手になっていただいて、いまの思いの丈《たけ》を話してみることにしました。おばあさんの〝最後っ屁〟みたいなものですが、臭がらず、楽しんでいただけましたら、本当にもう思い残すことはありません。

中村《なかむら》メイコ

もう言っとかないと　もくじ

はじめに 2

第一章 元祖子役
〝中村メイコ〟ができるまで

デビューは二歳八か月 16
役者の仕事を始めたのは二歳八か月。黒澤明さんや谷口千吉さん、市川崑さん……名監督になった方々と仕事をしていたんですね ——古舘

君ぐらいの器量の子は 20
「君ぐらいの器量の子は、いつもニコニコしているくらいでちょうどいいですぞ」——幼い頃、父に言われた言葉どおり、生きてきました ——メイコ

芸能界の「先生」たち 24
ものすごく特殊な幼少期ですね。学校よりも、榎本健一さん、徳川夢声さん、古川ロッパさん……芸能界の大先輩の方々から教えられた ——古舘

作家の父と女優の母 27
父と母はだいぶ変わった人たちでしたけれど、いま考えてみると、人生に大切なことをたくさん、教わったような気がします ——メイコ

ある日、銀色の戦闘機が 32
疎開、そして機銃掃射を受けたこと……たくさんの忘れ得ぬ戦争体験がありますね ——古舘

目隠しをされ慰問先の前線へ 36
戦場慰問で見た景色、そして、その時の兵隊さんたちの表情を思い出してください ——古舘

テレビ黎明期の熱気 41
テレビ初出演は昭和十五年、六歳でしたね。
今とあまりにも違う、
テレビ黎明期の話を……——古舘

古舘伊知郎の After Talk ❶ 45
“中村メイコ”は
いかにして生まれたのか？

第二章 メイコの青春
天才少女と呼ばれていたけれど……

「右のポッケにゃ夢がある」 50
時代は戦後。戦災孤児の歌が流行っていた。
復興へ向かうやみくもなエネルギーの中、
メイコさんの仕事がまた始まっていった——古舘

作りたい曲、歌いたい歌 53
服部良一先生、笠置シヅ子さんの
ブギものには、先生の不肖の弟子、中村メイコの
胸にも深く響くものがありました——メイコ

「場面変わって」 56
メイコさんは特攻隊の慰問をしていた。
終戦後、すぐに今度は進駐軍の慰問に行かされた。
気持ちの切り換えを余儀なくされた？——古舘

二人のヨシユキさん 58
メイコさん、人生の転機——二人のヨシユキさん、
吉行淳之介さんと神津善行さんと出会った。
不思議な巡り合わせですね……——古舘

「首筋のホクロに口づけしたい」 61
初恋の人、吉行淳之介さんとの最初のデート。
甘酸っぱい思い出として、
いまもありありと記憶に残っています——メイコ

焼かれたラブレター 63
吉行さんと男と女の関係になれなかったことは……
惜しいような、よかったような、
複雑な気持ちが残っています――メイコ

初めて出会った普通の学生 66
三木鶏郎先生のスタジオで出会った、大学生だった
永六輔さんと神津善行さんが、メイコさんにとって、
初めてのボーイフレンドだったと――古舘

小説を書評で酷評され 71
メイコさんは十代後半の頃、
実は作家になりたかったそうですね。
お父さんの影響？――古舘

元祖マルチタレント 74
小説への酷評は叱咤激励だったのかもしれません。
でも、あのとき、調子に乗って
小説家になろうなんて思わなくてよかった――メイコ

自殺未遂 78
めいっぱい仕事を頑張り、めいっぱい明るさを
ふりまき、戦後の一隅に灯りを
ともしてくれていたメイコさん。
でも心底つらい時があったんですね――古舘

突然のプロポーズ 81
三回目のデートで突然のプロポーズ。
ニューヨーク留学を諦め、
私を選んでくれた神津さんに感動しました――メイコ

古舘伊知郎のAfter Talk❷ 84
役者も声の仕事も
〝イメージの郷愁〟をもとに演じる

第三章
親友 美空ひばり
多くの出逢い、そして悲しい別れ

ぽろぽろ泣いた永くんに 88
「上を向いて歩こう」の歌詞はメイコさんが
永六輔さんに伝えた言葉がもとになって
生まれたと聞いて驚きました――古舘

トットちゃんとメイコちゃん 90
「胆石が出てきたら、いただけない？」――
五〇年以上前ですが、黒柳徹子さんにこう言われ、
驚いたことがあります――メイコ

チャーミングな殿方たち 93
それにしても、メイコさんは
天下に名だたるへんな人達と
仲良しでしたね――古舘

森繁久彌さんの頭の中 96
万葉集から西條八十、ハイネ、リルケ……
古今東西の名詩は何でも頭に入っている。
森繁久彌さんは本物のインテリでした――メイコ

喜劇のお手本、三木のり平さん 98
三木のり平さんという希代の役者さんは、
演出家としても天下無双
といっていい存在だったのですか――古舘

私は生来の喜劇役者 102
フランスの名優に惚れられたかと思ったら、
男のコと勘違いされていて……
私ってやっぱり、生来の喜劇役者なんです――メイコ

心の二枚目 105
メイコさん、今時は男と女の出来事に関しては
芸人にもとても厳しくなった。
昔はもっと寛容でしたね――古舘

神津さんの浮気 108
神津さんの浮気のストッパーは美空ひばりさん。
ただ、神津さんも相手も
かわいそうに思えるときもありました――メイコ

親友 美空ひばり 111
ひばりさんとは何でも言い合える仲でした。親しくなって知りましたが、本当に素顔は、とてもかわいらしい人だったんです……——メイコ

特殊な環境で育ったもの同士 114
豪華客船で世界一周旅行をするというひばりさんとの約束は、見果てぬ夢に終わってしまったんですね——古舘

ひばりさんの「悲しい酒」 118
ひばりさんとのお酒は、ただただ楽しかった。だけど、ひばりさんには「悲しい酒」があったと思うと……——メイコ

三島由紀夫さんの告白 123
昭和芸能史の金字塔ひばりさんとの思い出の一端を語っていただきました。日本文学の巨匠三島由紀夫さんとの忘れ得ぬエピソードを——古舘

古舘伊知郎のAfter Talk❸
中村メイコは作家の父がこの世に残した〝作品〟だった！ 128

第四章 〝夫婦別墓〟神津ファミリーの真相

無知と多識 132
メイコさんて、みなさんが知っていることも知らないんですか。新婚初夜の翌朝、ご主人に向かって口を開いた一言を——古舘

神津さんの完全犯罪 135
ダメ夫を支え続けた母のようには生きられません。それに、神津さんを縛りたいとも思ったことはないんです——メイコ

作曲家の妻として 137

若い頃はずいぶん夫婦喧嘩もしました。
神津さんも、私と結婚して「こりゃ、困ったな」と
思っていた時期もあると思います――メイコ

神津さんを一日一回笑わせよう 140

神津さんと結婚して六〇年でも、
寝ている時以外は終始、中村メイコだとすると、
家庭内も一つのお芝居になるのでは？――古舘

白塗りのまま授業参観へ 144

六〇年間、家族のために生きてきた
つもりでしたけれど……振り返ってみると、
いろんな迷惑をかけてきたようです――メイコ

ママは二日酔い 148

一度くらいは浮気もしてみたかったんですけれど、
子育てとお酒を飲むことのほうを
優先させてしまいました――メイコ

好きな人を見つけるのが上手 152

メイコさんは、惚れっぽいし、芝居では
ラブシーンもある。二四時間お芝居をしている人
だとすると、現実の恋愛でも
演じることができたんじゃないですか――古舘

憧れの宇津井健さん 154

憧れの宇津井健さんと飲みに行ったのに……
ついつい飲み過ぎてしまって、
大失敗をやらかしてしまったことがあります――メイコ

『私のロストラブ』 158

二年間続いたラジオの深夜放送『私のロストラブ』は
高校時代に聞いていて、とても印象的でした。
いま思えばメイコさんのそれまでのイメージとは
ずいぶん違う役どころだったような――古舘

〝夫婦別墓〟 161
私たちはずっと〝夫婦別姓〟でお仕事をしてきましたが、亡くなった後、〝夫婦別墓〟になる予定なんです――メイコ

「オン」と「オフ」 163
やっぱり一つ変わっているところがあるなと思ってたら、メイコさんはすべて変わってますね――古舘

役づくりは一切しない 166
プライベートでは芝居をしていて、仕事では役づくりをしない。私って、本当にへんてこりんな役者だと思います――メイコ

大断捨離 168
メイコさんは数年前に一〇トントラック七台分の思い切った大断捨離を敢行しましたね。心境が変わりましたか？――古舘

古舘伊知郎のAfter Talk❹ 173
仕事でも、プライベートでも演技をするということ

第五章 出来すぎ人生 思い残すことはありません

大好きな声の仕事 178
人間の役をこなす名優はいっぱいいますが、なったことのない、人間以外の役をずっとこなすというのは類まれなる才能だなと思います――古舘

演じるということ 180
未熟な役者ですけれど、演じるうえでは役柄そのものになることが技術よりも大切だと思っています――メイコ

生放送の緊張感は格別 184
映画もテレビも技術は格段の進歩をとげ、最高の映像をつくれるようになった。反面、大切なことが忘れられつつあるとは思いませんか？――古舘

〝七色の声〟の秘密 188
本物ではないかもしれませんが、聴いている方、観ている方のイメージを刺激することに役者冥利を感じます――メイコ

芸のコヤシ 191
不倫も煙草も〝下衆の極み〟扱いされていますが、〝芸の極み〟にもつながる。ですので、全否定することはできないと思います――メイコ

「片手間で女優はできません」 195
私は、そのことを悪しきグローバリゼーションと呼んでいます。倫理観、生き方が「みんないっしょ」じゃないとダメになっちゃった。本当は芸術、芸能の世界は良し悪しではかれないローカリズムがにじむ場所であるはずです――古舘

人生を振り返って 200
八十歳を過ぎて、改めて人生を振り返ってみると、やっぱり運がよかったと、つくづく思っているところです――メイコ

古舘伊知郎の After Talk ❺ 203
メイコさんのなかにある人間的な魅力について

おわりに 206

装幀・装画・挿画　南 伸坊
本文デザイン　高橋 忍
編集協力　羽柴重文（株式会社BIOS）
写真（14ページ）　神藏美子

第一章

元祖子役

〝中村メイコ〟ができるまで

役者の仕事を始めたのは二歳八か月。黒澤明さんや谷口千吉さん、市川崑さん……名監督になった方々と仕事をしていたんですね

——古舘

芸能界の仕事を始めたのは、横山隆一《よこやまりゅういち》さんの朝日新聞の連載マンガを実写化した映画『江戸ッ子健ちゃん』*1。二歳八か月で銀幕デビューしてしまいました。

プロデューサーの方がフクちゃん役を探していて、父の取材で「令女界」という雑誌のグラビア記事「中村正常《なかむらまさつね》さんの一日」に、父と一緒に載っていた私に白羽の矢を立てたそうです。主演は榎本健一《えのもとけんいち》さん。高峰秀子《たかみねひでこ》さんや清川虹子《きよかわにじこ》さんも出演していらっしゃいました。

この映画がきっかけで、子役の仕事を始めることになったんですが、映画は東宝の前身の一つ、P.C.L.映画製作所（株式會社寫眞化学研究所 Photo Chemical Laboratory）。私は喜劇を専門にしていたので、山本嘉次郎《やまもとかじろう》*2監督の作品が多かったんですが、いま考えてみると、山本組の助監督はものすごく豪華でした。ファーストが黒《くろ》澤明《さわあきら》さん、セカンドが谷口千吉《たにぐちせんきち》さん*3、サードが市川崑《いちかわこん》さん。

*1　新聞連載のタイトルは「江戸っ子健ちゃん」。1936年１月の連載開始当初は健ちゃんが主人公。フクちゃんが人気になって、同年10月より「養子のフクちゃん」に改題、全国版の連載になった。その後、フクちゃんシリーズは1971年まで続いた

ファーストの黒澤さんはシナリオを書きたいからって現場にはあんまりいらっしゃらなかったんですけど、三人の中で黒澤さんが一番背が高かったの。ですから、おんぶをしてもらうと、景色がよく気持ちがいい。

黒澤さんのことを「黒澤のお兄ちゃま」と私は呼んでいて、名指しでお呼びしていたそうです。まだ、ものごころがつく前でしたから、あまり覚えていないんですけれど、「僕はメイコちゃんのおんぶ係だった」って、ずいぶん大きくなってから黒澤さんに言われました。本当に、とってもいい時代だったんです。

P.C.L.はアメリカナイズされた方式をとっていました。その後、少女期になってから、松竹の大船撮影所の仕事もしましたけど、古臭いなって感じましたからね。その頃でもP.C.L.は手持ちカメラを入れて、三台のカメラで自由に撮っていました。だから、「用意、ハイ!」とカチンコで撮影スタートなんてこともなくて、とても自由な雰囲気。名子役なんて言われてたのは、そういう現場でのびやかに演じられたことが大きかったと思います。

父方の祖父、中村留二《とめじ》は東京帝国大学出身の農学博士。農商務省で農林技官として働いていたお役人だったそうです。よくわからないんですけど、怖いおじいさんでし

＊2　1902年生まれ、1974年没。映画監督、俳優、脚本家、随筆家。門下に黒澤明、谷口千吉

＊3　1912年生まれ、2007年没。「芸術の黒澤、娯楽の谷口」と並び称された

た。父の中村正常[*4]が「小説家になりたい」と言ったら、勘当されたくらい。

父は生前、こう言っていました。

「一番腹が立ったのは、懸賞に出そうと思ってた、書き上げた何十枚かの作品をビリビリに破かれたこと。それで、親父とは縁を切った」

父は東京から一番遠い旧制の高等学校はどこだろうと調べて、鹿児島の第七高等学校に進学。七高の寮に入って、それからはほとんど音信不通みたいにしていたらしいんです。ただ、私が生まれたことを、父は連絡したみたい。私は初孫だったから、おじいさんもかわいかったんでしょうね。「顔を見せに連れてこい、連れてこい」と言われて……。

モダンガールだった母[*5]、チエコはこわごわと、嫌々ながら、小石川のおじいさんの大邸宅に、私を連れていってくれました。仕事の合間を縫ってでしたし、イヤだったと思います。

その後も「堅苦しい中村家のお墓には入りたくない」と言っていましたし。

大邸宅には、お手伝いさんが何人もいました。お手伝いさんというより、宮中に勤めている女官のような、怖ーいおばさまたちです。

＊4　1901年生まれ、1981年没。劇作家、小説家。岸田國士に師事、演劇誌「悲劇喜劇」編集に携わる。1929年「マカロニ」が第２回改造懸賞に入選、ナンセンス文学の旗手として活躍。代表作に小説「ボア吉の求婚」「隕石の寝床」「二人用寝台」ほか

2歳8か月で『江戸ッ子健ちゃん』のフクちゃん役でデビュー。
「ものごころがついたら、女優になっていました」

「五月《さつき》お嬢様がお見えです」と言うんですが、私、家では「さつき」って呼ばれたことがなかったんです。家では、メイかメイコちゃんだったものですから、誰のことだろうと思って、きょろきょろしてしまったのを覚えています。そんなおじいちゃまでしたが、私には優しかった。

父はそういう親子関係で育ったからか、私には好きなように生きてほしかったみたいです。それは、自由奔放に生きていた母も同じで、誰からも何か反対されるとか、叱られるとか、あまりなかったんです。まあ、細かいことではいっぱい厳しい母でしたけど、反抗期らしいこともなく、気がついたら、というか、ものごころがついたら、女優になっていました。

「君ぐらいの器量の子は、いつもニコニコしているくらいでちょうどいいですぞ」――幼い頃、父に言われた言葉どおり、生きてきました――メイコ

母の躾《しつけ》は厳しかった。絶対やらなきゃいけない朝の段取りというのがありました。

＊5　1910年生まれ、1995年没。本名は千枝子。元女優、エッセイスト。築地小劇場、蝙蝠座で活動後、21歳で正常と結婚。正常の絶筆後、雑誌、新聞の記者として家計を支える。また、レストランや演劇学校、スタジオなどを経営、実業家としても活躍した

二歳八か月から仕事をしていましたが、「家に帰ったら、あなたはふつうの女の子」と言われて、前の晩、寝る前に枕元にきちっと明日着る洋服を揃えさせられていて、朝起きたらそれを着て、顔を洗ったら、床の雑巾掛けをします。母方の祖母*6も同居していて、祖母の部屋だけ日本間でお仏壇があったので、仏様のしたくをしてから、お台所に入る。そこでも食器の用意などをしてから、外に出て、向こう三軒両隣のお家の前を掃《は》いて……。そういうのは、四、五歳から、全部、やっていました。朝の段取りをこなしてから、撮影所に行っていたんですが、出かけることも楽しかった。

そういえば、その頃から、脚をきれいにするためにと言われて、家のなかでも靴を履かされていました。「女優さんは脚がきれいなのが一番よ」「マレーネ・ディートリヒの脚を見なさい」と、母に言われていました。

父は叱ったり、責めたり、貶《けな》したりしない人でした。

子供を褒めて、褒めて、育てるということを主義にしていたらしく、それで、私はこんな女になっちゃったんです。赤ちゃんのときから、「メイコ君、君に涙は似合いませんぞ。いつも笑っていなさい」と言われて育ったそうです。

あるとき、「どうしてメイコはそんなにニコニコしてなきゃいけないの？」って聞い

＊6　祖母、菊池澄は愛知の豪農、橋本家に嫁いだが、夫が愛人と出奔してしまい、離婚。才覚を生かして、７人の子供たちをジャーナリスト、医者、画家などに育てた。六女の千枝子一家へは経済的にも支援、同居して、メイコの子育てにも協力した

たら、「うーん、そうだねえ。まあ、すごい美人ならば、たまには涙も、ふくれっ面もいいものですが、どうも君はね」と。よくわからないから、「何なの？」と聞いたんです。そうしたら……。

「君ぐらいの器量の子は、いつもニコニコしているくらいでちょうどいいですぞ」

当時、映画女優さんたちは、本当にきれいな人ばかりだったんです。撮影所で入江《いりえ》たか子さんにお会いしたとき、子ども心に「こんなきれいなおばちゃまが、この世の中にいるなんて！」と思ったくらい。入江さんはたぶん当時の国産高級車、ダットサンのオープンカーを自分で運転して、東宝撮影所に通っていらしてました。ものすごくきれいなスター女優さんだなあと思っていました。

私より一〇歳年上の高峰秀子さんも光り輝くくらいきれいで、本当にまぶしかった。建築家の黒川紀章《くろかわきしょう》さんが奥様の若尾文子《わかおあやこ》さんを「君はバロックのようだ」と褒め讃えたそうですが、やっぱり、そういう方々が本物の女優さん。

私は子役でしたが、特別枠で別のセクション、カテゴリーなんだろうと思っていました。作家の佐藤愛子《さとうあいこ》さんの異母兄、詩人のサトウハチローさんには「アイスクリームのおさじみたいな顔」って言われました。顔が四角いですからね。

ですから、自分でも何となくわかってました。小さい頃から、四角くて八の字眉毛のヘンな顔。それでフクちゃん役もきたんですが、漫画チックというか、ちょっとおかしな子って、自然にわかっていました。

だから、ニコニコしたり、ちょっと面白いこと言ったり、いつも言うこと聞いて……素直に、いいお芝居して、それが当たり前なんだろうって思っていたんです。

それと……私、七歳の頃、失明しかけたんです。当時の映画の照明はものすごい強さで、そのせいで三か月間ぐらい目が見えなかった。

それで、京都の病院に入院して、毎日、ラジオを聴いていたんですが、でも、そのことで救われるところがあって。子供心に、このまま目が治らなかったら、ラジオに行こう、ラジオのお仕事があるって思っていたんです。いまでも目はとても悪いですけれど、結局、治りましたけれどね。

あの頃、坂本武《さかもとたけし》さんや藤原釜足《ふじわらかまたり》さんとか、いまでいうバイプレイヤー、脇役にも巧い役者がいっぱいいました。坂本さんは小津安二郎《おづやすじろう》監督、藤原さんは黒澤明監督の常連役者でしたが、そういう方の演技に惹かれてました。十四、五歳の頃、私も将来、あいうふうになりたいって思っていたんです。

子役の頃の出演料は、「子供のうちは出演料をお金でいただくな」という両親の方針で現物支給。最初に出演した『江戸ッ子健ちゃん』のときはおもちゃでした。それから戦争に向かっていき、だんだんものがなくなっていきましたから、母いわく「メイコのためにビロードの洋服をあつらえてやろうと思っても、なかなか難しくなってきたから、今度の出演料は上等なビロードの生地でワンピース分をいただきます」とか「エナメルの靴でいただきます」とかいう具合だったんです。でも、本格的に物が手に入らなくなってきてからは、「お砂糖でいただきます」とか「お米でいただきます」となっていきました。お砂糖やお米は、他の物にも交換できましたからね。

ものすごく特殊な幼少期ですね。学校よりも、榎本健一さん、徳川夢声さん、古川ロッパさん、芸能界の大先輩の方々から教えられた……——古舘

小学校にはあまり通わなかったんです。

もともと父は学校教育が大嫌い。通っていた市谷尋常小学校は昭和十六（一九四一）

年、市谷国民学校と名前が変わって、戦争教育一辺倒になりました。これが父にはたまらなかったのか、「この大事な新鮮な脳みそを、戦争はいいことだなんて教育されてたまるものか」って怒っていました。

「小学校ぐらいはまあ、仕方がないから、ときどき暇な日に行ってきなさい」と。たまに学校に行くと、「わー、中村メイコが来た！」って騒がれて、休み時間に校庭に出ると、人だかりになっちゃう。私、頭でっかちで、ひょろひょろでダメな子だったから、すぐ突き飛ばされていたんです。

それで、校庭の隅に孔雀《くじゃく》が飼われていた丸い檻《おり》があったんですが、先生が「危ないからここへ入ってなさい」と、休み時間になると私をそこに入れて、鍵をかけて職員室へ行っちゃっていたんです。

なんだかフクザツな気持ちでしたが、怖くはなかったから、外にいるよりはましかなぁと思っていました。あと、孔雀の檻の中から、「あぁ、普通の子どもはああやって遊ぶんだ」と思って見ていた……。なので、私、子どもの遊びは縄跳びもドッジボールも何も、わからないんです。

そこは、美空ひばりさんと同じなんです。ひばりさんに「私もできないわ」って言われて、初めて同じ人がいるって、嬉しかった。そういうところを含めて、ひばりさんとは一番、気が合いました。

私たち、お手玉もできないし、何もできなかった……。

ただ、学校以上に、芸能界の大先輩にいろいろなことを教わりました。

エノケン（榎本健一）さんも素敵な方でした。四、五歳の頃、「おじちゃまのなさること、すっごくおもしろいんだけど、どうしたら人を笑わせることができるんですか？」って聞いてみたことがあるんです。

すると、エノケンさんは「それは、究極だよ」っておっしゃった。「究極」の意味がわからなかったので父に聞いてみたら、「それは、うんとお腹がすいてるとか、うんとおしっこに行きたいとか、そういうことを動作に出すと人は笑うということだろう」と解説してくれました。

難しい漢字は、徳川夢声《とくがわむせい》さん*7が教えてくださいました。旅公演でご一緒することが多かったんですが、宿舎が日本旅館だと、床の間にはたいてい掛け軸が飾ってある。子供には読めない難しい字が並んでいるんですが、夢声さんが膝に乗っかった私に、「メイコちゃん。これ黙って見てて、どういうことが書いてあるか、だいたいでいいから

*7　昭和を代表するマルチタレント。1958年から『テレビ結婚式』（ＴＢＳ）の司会、仲人を務めた。番組は好評で内容はそのまま、翌1959年から1967年まで『ここに幸あれ』（フジテレビ）として続いた。メイコは両番組とも途中からアシスタントとして出演

想像してごらん」って言って、私が好き勝手なことを言うと、正解を教えてくださいました。

古川ロッパさん[*8]は英語がめちゃめちゃ堪能だったので、発音やアクセントを教わりました。すごい教授さんたちに教わったことが、いまも役立っています。

父と母はだいぶ変わった人たちでしたけれど、いま考えてみると、人生に大切なことをたくさん、教わったような気がします
――メイコ

三歳ぐらいの頃、菊池寛《きくちかん》先生と二人きりでディナーをしたことがあるんです。

父と母の仲人は菊池先生。父とは長いお付き合いで、毎晩のように一緒に飲ませていただいていたり、かわいがっていただいていたそうなんです。

それで、あるとき、菊池先生にお食事に誘われたんですが、父はこう言ったそうです。

「すみませんが、うちの娘と一度ディナーをしてもらえませんか？　まだ三歳ですが、

＊8　1940年公開の映画『ロッパの駄々ッ子父ちゃん』でメイコと初共演。「中村メイコ中々よろし、愛嬌ありいゝ子役だ」と日記に記している。『江戸ッ子健ちゃん』を「中村正常の娘メイコなる少女の巧まざる演技（？）には涙の出るほど感激した」とも

映画も一本撮っていますし、付き添いなしでも、あなたとお話しができると思います。たぶん、将来、女優になる娘にとって、菊池寛と飯を食うことは大きな経験、一つの歴史になると思いますので……」

もちろん、レストランまでは一人で行けないので、母に連れて行ってもらって、「あのおじちゃまとお食事するのよ」と。

「はい、わかりました」と私は菊池先生の席にとことこ向かったんです。先生は杉綾《すぎあや》織《お》りの素敵な三つ揃いのスーツを着ていらして、その頃としては珍しいウールの細身のネクタイをしてらしたことをくっきりと覚えています。残念ながら、そのときどんなお話をしたのかは全く覚えていないのですが……。

三島由紀夫《みしまゆきお》さんは「仮面の告白」に「永いあいだ、私は自分が生まれたときの光景を見たことがあると言い張っていた」と書いています。私には産湯《うぶゆ》を浴びた記憶はありませんが、乳児の頃のタオルの柄は覚えています。

一、二歳の頃、祖母が毎日、ウズラの卵を割って、お皿に入れて飲ませてくれていたんですが、そのお皿の柄も記憶にあります。

母は働いていたので、祖母に育てられたようなものなんです。一番好きな人でしたから、亡くなったときには号泣しました。その年の春、神津善行《こうづよしゆき》さんと婚約をして、秋には結婚する予定だったんですが、延ばしてしまったくらいショックでした。

祖母は明治生まれでお裁縫の先生だったのに、私にはこんなことを言っていました。「なるべく脚は投げ出してなさい。脚のきれいな女の子にならないと、これからの世の中はダメだから。ただ、正座をしなければいけないこともあるので、きちんと覚えなさいね」

戦争中、父は戦争文学は書きたくないと断筆宣言をしていたんですが、「書きたくないものは書かなきゃいいわ」と母は認めていました。そのとき、父が母に言ったことがおもしろいんです。

「まあ一家の主だから、小説家をやめても食っていくために何かしなきゃいけないんだけれど、はっきり言いますぞ。ボクは体も弱いし、力もないから、ペンを書類鞄に持ち替えることも不向きだし、ハンマーとかそういうものもまったくダメ。だから、平和な時代が来るまで、君が食いつないでいきなさい」

それで、本当に母はそのとおり、雑誌「モダン日本」[*9]や新聞の記者をやったり、喫茶店や洋装店をやったり、いろんなことをこなし、孤軍奮闘して生計を支えました。

＊9　1930年に菊池寛が文藝春秋社から創刊した娯楽雑誌。1932年からは文藝春秋社から独立したモダン日本社が発行。正常は主要執筆者の一人。戦争中は『新太陽』として新太陽社から刊行。戦後に復刊。田中冬二、澁澤龍彥、吉行淳之介らも参画していた

ただ、生活はラクではなかったようです。

戦後、ラジオの仕事を終えて、ＮＨＫからの帰り道。「メイコ、そろそろ大人の役もやらなきゃいけないね」って、突然、言ったんです。何だろうと思っていると、「あんた、質屋さんって知ってる？」と続けたんです。

疎開先から東京へ帰ってきてすぐですから、十四、五歳の頃。「質屋さん？　知らないわ」って答えたら……。母はこう言ったんです。

「こういう役があったときのために、勉強をしておきましょう。あの『質』という暖簾《のれん》が掛かったところが質屋さん。これはパパのとっておきの英国製のスーツだけど、風呂敷包みに包んであるから、これを持って、『これでいくらお金が借りられますか』って言ってごらん」

「そういう役もきっと来るから、いい勉強になるから」と言うので、私は言われたとおりに、「こんにちは」と質屋さんの暖簾をくぐって、「これでいくらか貸していただけますか」と。いくらか貸してもらったんですが、母はこう言っていました。

「うん、まあまあ、それでいいけど、あんなに堂々と嬉しそうな顔をして入るものじゃないの。ちょっと周りを見回して、人様がいないときにうつむいてスッと入ってい

メイコ１歳６か月。父正常、母チエコと。戦争文学は書きたくないと
筆を折った父を、母が孤軍奮闘して生計を支えた

くのよ」

母は新劇の元女優でしたから、本当に演技指導をしたかったのかもしれません。疎開先の奈良で、中村家が中心になって、メイフラワーという劇団を旗揚げしたんですが、舞台だったからか、すごく熱心に演技指導をしてくれていましたからね。映画のときは何も口出ししなかったんですが、舞台女優の血が騒いだんだと思います。

でも、そのときは「今日はいいお勉強をしたわね」と言っていたけれど、後から考えてみたら、きっと、お金がなかったんです。そのお金で、「パパに焼酎買って、お肉も買いましょうね」と言っていました。

疎開、そして機銃掃射を受けたこと……たくさんの忘れ得ぬ戦争体験がありますね——古舘

昭和十八（一九四三）年春、奈良県生駒郡《いこまぐん》富雄村《とみおむら》*10に疎開をしたのは、父が大きな日本地図を広げて、しばらく考えて、「ここへ行こう！」と言ったからです。母が「どこ

*10　現在は奈良市。富雄から学園前（近鉄）を中心とする同市西部の東登美ヶ丘、石木町など。富雄川は大和川水系の支流。同村には俳優の十朱久雄、娘の十朱幸代も疎開していた

ですか?」と心細そうに聞くと、「奈良県だ」。「どうして奈良なんですか」と母が続けると、「ここは文化財がたくさんあるところだから、アメリカさんは絶対、爆撃はしない。ここへ行こう」。その先もすごいんです。何も決めないで奈良に向かって、大阪から奈良電、今の近鉄奈良線に乗って、「ここは、なんだかのどかそうないい駅ですぞ」と突然、知らない駅で降りたんです。その田舎の駅のプラットホームで父が大きな声で、「どなたか、親子三人ほどが暮らせるお離れか何かお持ちの方はいらっしゃいませんか!」って三回ぐらい怒鳴ったら、「あ、どうぞ」って人がいたんです。それで、そこに住みついちゃうんですから、漫画みたいですよね。

奈良県富雄村には富雄川という川が流れています。その川沿いの土手が国民学校への通学路でしたが、ある日、銀色の戦闘機がすごい低空飛行で飛んできたんです。私は思わず川に飛び込んだんですが、一緒に歩いていた同級生のコは土手にいたままだったので、すごい勢いで機銃掃射《きじゅうそうしゃ》を受けた。それで、あっけなく亡くなってしまった。川沿いの土手で生と死が手をつないでいたんです。

いま北朝鮮からミサイルが発射されるとJアラートが鳴りますが、あれを聞くと、どうしても「敵爆撃機が潮岬《しおのみさき》上空を通過中」というラジオの空襲警報を思いだします。そして、B-29の大編隊が空を飛んでいる光景が思い浮かびます。

その前、昭和十七年五月にも爆撃に遭っています。無声映画の弁士としても一世を風靡した徳川夢声さんの一座と興行で九州へ向かっているとき、乗っていた列車が攻撃を受けたんです。それで、母が私を抱きかかえて、線路脇の麦畑に飛び降りて、九死に一生を得ました。

「列車が燃えているから、とうぶん、行けないわね」と母が言うので、「どうするの？どこに泊まるの？」と聞いたら……。

「泊まるところなんかないわよ。そんなこと言ってるときじゃないわ」

母に怒られたのを、覚えています。

ただ、そのときは忘れられない思い出になることもありました。なんとか下関《しものせき》駅へたどりついたんですが、まだ関門トンネルが開通していなくて、ホームで門司《もじ》駅へ向かう関門連絡船を待っていたときのこと。その日は五月十三日、ちょうど私の八歳の誕生日でした。誕生日は毎年、家族で盛大に祝ってくれていましたが、戦時下の下関は閑散としていて、八歳になった私はわびしい気持ちになっていたんです。

そんな私を夢声先生は気遣って、声をかけてくださいました。

「メイコちゃん、今日やけに機嫌が悪いみたいだけど、どうしたの？」

「だって、今日は私の誕生日なんだもん。毎年、おうちでパーティをしてくれるのに、こんなところでイヤだなぁ」

「そうか……。まだ船がでるまで時間があるから、街に出かけよう。何かプレゼントを買ってあげるよ」

そうして、下関の街に連れて行ってくださったんですが、中心街も店は開いていなくて、人影もまばらでした。そんななか、やっと古ぼけた時計店が店を開けていました。売っているものも少なかったんですが、夢声先生が選んだのは、折りたたみの小さな銀色の携帯用虫眼鏡。ただ、私はもっと女のコっぽいものが欲しかったので、ふくれっ面でいたのでした。

下関駅の連絡船のホームに戻ると、夢声先生はみかんを一袋買い、網袋を縛る紐《ひも》を抜き取り、虫眼鏡の穴に通して、ペンダントのようにして、私の首にかけてくださったんです。

「お誕生日、おめでとう。虫眼鏡は何でも拡大して見えるから、おもしろいものだよ。これで楽屋の畳のヘリでも、ありんこでも花でも、見てごらん。普通では気づかないようなことを、発見できるよ」

　私の世界は大きく広がりました。

　その興行のあいだ、何でもかんでも拡大して、見てみました。そのことは夢声さんの言うように、思いのほか楽しく、夢中になっていたのを覚えています。

　それで、夢声先生は私たちの仲人でしたが、こんなふうにお願いしたんです。

「先生にいただいた虫眼鏡で拡大して、よく観察した結果……この人と結婚することに決めました。つきましては、お仲人をお願いできないでしょうか？」

「それなら、無条件降伏だな。よし、仲人を引き受けよう」

　その虫眼鏡はさすがに断捨離できず、いまでも宝物として大切にしています。

戦場慰問で見た景色、そして、その時の兵隊さんたちの表情を思い出してください——古舘

　疎開先の奈良からは、大阪や京都、神戸の舞台にも出演していました。戦前でした

から、古い芸能界の体質が残っていて、最後のお客様を見送るまで歌ってなきゃいけなかったんです。ですから、空襲の焼夷弾《しょういだん》で劇場がぼうぼう燃えてるなか、出演者は「♪肩を並べて兄さんと〜」（「兵隊さんよありがとう」）などと歌っていました。

母と二人で、兵隊さんへの慰問にもよく行っていました。戦争末期になると、特攻隊基地が多かった。

ですから、インタビューで「メイコさんは長い芸能生活ですが、最初に乗った飛行機は？」と聞かれることがあるんですが、「戦闘機です」と答えます。「船は？」と聞かれると、「潜水艦です」なんです。

サイパン*11や上海に行ったとき現地の方に「昔、メイコさんにお会いしたことがあります」と伝えられ、驚いたこともあります。

慰問に行くときは、行先がわからないように目隠しをされていましたし、子供だったから、なおさらどのくらいの距離を、どの方向へ連れて行かれるのかもよくわからなかったけれど、戦闘機や潜水艦に乗って、前線の基地へ行っていたようです。いま思うと、玉砕《ぎょくさい》寸前のアッツ島やトラック島にも連れていかれていたと思います……。そこで歌ったり、お芝居をしたり、戦場慰問のお仕事をしていたんです。

＊11　70年代にメイコがサイパンに観光旅行に行ったときのこと。現地通訳の人に「あなたは子供だった」と言われて、日本兵にもらったというレコードを見せてもらった。それで、「慰問に連れてこられていたのはサイパンだったんだ」とわかったという

慰問には、若い女性歌手たちもみんなモンペ姿で行っていたなか、断固としてモンペを拒否したのが、ブルースの女王、淡谷《あわや》のり子さん。「そんなものは着れません」と言って、華やかなドレス姿で禁止されていたブルースを歌って兵隊さんたちを慰問されていました。

淡谷さんとも親しくさせていただきましたが、驚いたのは防空壕のエピソード。慰問に出かけるとき、防空壕に大事なものを入れて「留守のあいだに空襲になったら、防空壕から持ち出して逃げてね」と妹さんに言付《ことづ》けていたそうです。その防空壕に入れていたものとは……シャネルの5番の香水瓶が三、四個！

淡谷さんの影響ということもないんですけれど、私もモンペ姿ではありませんでした。よく覚えていないんですが、かわいらしいビロードのワンピースなどでした。娘さんがいる兵隊さんもいたでしょうから、私を見ると、故郷の娘さんのことを思っていたでしょうね。ですから、モンペにしなくて、本当によかったと思います。

いまも仕事のときは必ず付けまつ毛をしていて、「あまりお化粧にこだわらないのに、まつ毛だけは別なんですね」って言われますが、これは淡谷さんの影響。「メイコちゃん、芸能人はまず、眼《まなこ》のありかを教《オス》エねば」って、独特の東北なまりで言われたからです。アイラインを引いて、付けまつ毛つけてらっしゃる淡谷さんは本当に素敵でした。

慰問先では、本当は戦意高揚のために私も軍歌などを歌わなければならなかったんです。ところが、父が軍歌みたいな歌はダメだって言う。*12

「『愛国行進曲』を歌っても、『♪見よ／東海《とうかい》の空明けて／旭日《きょくじつ》高く輝けば／天地の正《せい》気《き》溌溂《はつらつ》と』というような歌詞は、メイコには意味がわからないだろう。そんなのは人の心を打たん。君らしくないから、何でも君の好きな歌を歌いたまえ」

それで、「エノケンさんと一緒に歌った『ダイナ』にすればいい? 『♪ダンナ／のませてちょうダイナー／おごってちょうダイナー／たんとは呑まない／ね、いいでせう／ダンナ／盃ちょうダイナー』」と聞いたら……。

「あれはアメリカのだから、ちょっとまずいかもしれない」

それで、結局、父が作詩したオリジナルの歌を歌うことになりました。

「♪おにわの桜が咲きました／とおい戦地のおにいさん／赤い花びらふたつみつ／日本の春をおくります／寝ないで作ったこの人形／にいさんお手柄たてたとき／坊やと思って抱き上げて／いっしょにバンザイ頼みます」

＊12　もともと自由主義者の正常は反戦を貫いた。真珠湾攻撃の1941年12月８日朝も、「こんな日に学校に行ったら、ろくなことがない」と言って、メイコを登校させなかった

どうして、いまも歌えるのかわからないんですが、歌うと、泣きそうになってしまいます。聞いてくださっている兵隊さんたちが、ポロポロ泣いている姿が思い浮かびます。前線の基地はきちんとした建物ではなく、テント張りの兵舎が並んでいて、その真ん中の広場にミカン箱を二つほど重ねたステージで歌っていました。

特攻隊の方々は、みなさん、「今度、行きます」「行きます」と言う。子供心に不思議でした。

「行ってまいります」とは言ってはいけない。帰ってこられないから。「行きます」としか言えないという話を聞いて、幼心に本当にかわいそうだと思いました。私が歌ったり、踊ったりするのを、じっと見ているんですが、どういう思いだったんでしょうね。

みなさん、すごくハンサムで、きれいな澄んだ目をしていました。

「もう色気も、美味しいものも要らない」「子供の頃の気持ちに戻りたい」「死ぬ前に子供に会いたい」「子供を残したかった」……。

慰問に行くと、子供心に伝わってくるものがありました。

大学生の学徒出陣もありましたし、海軍の予科練《よかれん》、陸軍の幼年学校や士官学校へは優秀な方々が進まれていました。

私よりも、少し年上だっただけなのに……。次の世代のために犠牲になると納得していたのかもしれませんけど、胸が詰まる思いがします。

テレビ初出演は昭和十五年、六歳でしたね。今とあまりにも違う、テレビ黎明期の話を……──古舘

ＮＨＫはラジオはもちろん、テレビも戦前の実験放送のときから関わっていました。テレビ初出演は六歳の頃です。最初は、実験放送*13で放送されたテレビドラマ第二作『謡と代用品』（一九四〇年十月放送）。スタジオの撮影スタッフは全員、白衣を着ていて、カメラは戦車のように大きかった。大きな四輪のアイコノスコープカメラで、「軍艦」と呼ばれていたそうです。

すごくものものしくて、レントゲンでも撮られるのかと、ちょっとおののいてしまったのを覚えています。幼かったから、朝ドラの生みの親、生え抜き初のＮＨＫ会長

*13　1930年に、10年後に開催予定の東京五輪に向けてテレビ研究開始。メイコ５歳の誕生日、1939年5月13日、新放送会館完成を記念して13km離れた技術研究所からテレビ実験電波が発射された。この日、新放送会館からのラジオ放送も始まった

になった坂本朝一《さかもとともかず》さんがステージまでおぶってくれたり、台本の漢字にふりがなをふってくれたりしてていたんです。放送は都内のデパートなどに設置された街頭テレビジョンで見られたんですが、祖母が見に行って、孫の姿をブラウン管を通して見られたことに、すごく感動していました。まだ個人の家になどテレビはなかったわけですから。

そういう環境のなかで生きてきたので、いまでも「そうさせんじょう」と聞くと、警察の「捜査線上」ではなくて、カメラの「走査線上」が思い浮びます。

戦後になって、一九五〇年頃から、定期的な試験放送が始まりました。当然、生放送でしたし、「今日もうまく画面が出ません」ということも多かったんです。

ですから、準備していたのに、「今日もうまく画面が出ませんので、今日はお開きにします」と、帰らされることも結構、あったんです。テレビカメラは二台しかなくて、生放送のドラマの終わり頃になると、次のニュース番組の準備のために一台のカメラがすーっといなくなって。ですから、二カメで撮っていたのが、クライマックスは一カメになるから、カット割りがたいへんそうでしたね。

昭和二十八（一九五三）年二月に本放送が始まって、NHKテレビが正式に開局。翌昭和二十九年から、『今晩わメイコです』[*14]というレギュラー番組をやっていたんですが、

*14 1954年10月から1957年３月まで放映された20分の歌あり、ドラマありのコメディ番組。冠番組として日本初。生放送で初回はトラブルのため放送中止になった。「今日もうまく画面が出ないので、解散です」ということが２〜３回はあったという

テレビは新しいことの連続でしたから、躍動感やいい意味での緊張感があったんです。

現在のテレビ朝日、当時の日本教育テレビ（ＮＥＴ）が昭和三十四（一九五九）年に開局して、すぐに始まったのが『メイコのごめんあそばせ』*15。ホステス役が私で毎回、ゲストを呼ぶトーク番組。第一回のゲストは徳川夢声先生でした。この番組は平日夜の九時四十五分からの生番組。始まった当時は前年に生まれたばかりのカンナにご飯を食べさせて、寝かしつけてから、家を出て、本番に臨んでました。

いろいろおもしろいことがありました。元総理大臣の吉田茂《よしだしげる》さんが出演されたときなんか、一五分番組なのに遅れてみえられて、その間、私がつないでいて、途中、「吉田茂さんが玄関に到着」というような連絡があって……。やっとスタジオに到着したかと思ったら、犬をつれていらっしゃっていて、すごく不機嫌そうでした。それで、あまりしゃべってくださらなかったんですが、番組が終わったと思ったらベラベラお話しされてましたね。

日本教育テレビでは開局当時、『宰相登場』という番組もあって、終戦すぐの東久邇《ひがしくに》稔彦《なるひこ》さんから、歴代の総理大臣の方々には全部、お目にかかりました。

そういえば、参議院選挙に出馬しないかと、中曽根康弘《なかそねやすひろ》さんに熱心に口説かれたこ

＊15　1959年２月から1968年３月まで放映された対談番組。当初は毎日放送、東海テレビ、信越放送との４局ネット

ともありました。

昔の政治家は魅力的な方が多かったんです。とくに親しくさせていただいたのは、田《た》中《なか》角栄《かくえい》さん。ただ、角栄さんのところにあの事件の真っ最中、ピーナッツ持っていっちゃったことがあるんです。たまたま、年末にいいピーナッツをいただいて、何の気なしに、一番大きい箱を持っていってしまった。まずかったかもしれない。

あるとき、角栄さんが「春になったら会おうじゃないか、かわいいメイコに春の帯」と書いた色紙をくださったんです。春の帯をくださるおつもりだったようなんですが、春になる前に亡くなってしまって……。

昭和三十四（一九五九）年四月。忘れられないことがありました。皇太子殿下（今上天皇）と美智子様のご成婚[*16]です。その様子はテレビで生中継されたんですが、私と美智子様とは同い年。二年前に神津さんと結婚していて新婚だったので、両殿下へ何か言葉を贈ってほしいと中継に呼ばれたんです。

緊張しながら、こんなことを話したのを覚えています。

「どうぞ、美智子様。私どもからお馬車は遠ざかりますけれど、あまり遠くにいらっしゃらないで、いつも私どものそばにいらしてください」

＊16　ご成婚パレードの中継が、テレビ普及の大きなきっかけになったとされる。ちなみに、1957年11月20日の神津善行とメイコの結婚式は芸能人として初めてテレビ中継された

古舘伊知郎のAfter Talk❶

〝中村メイコ〟はいかにして生まれたのか？

メイコさんの話を聞いていると、菊池寛、井伏鱒二《いぶせますじ》、黒澤明、市川崑、徳川夢声、榎本健一、古川ロッパ、三木《みき》のり平《へい》、森繁久彌《もりしげひさや》、力道山《りきどうざん》、東郷青児《とうごうせいじ》、三島由紀夫、吉行淳之介《よしゆきじゅんのすけ》、田中角栄……放送、映画、芝居だけでなく、文化、スポーツ、政治・経済と歴史上の人物、昭和史を飾る人たちとのエピソードをごくごく自然に口にされています。

メイコさんと神津善行さんの仲人は徳川夢声さん、父・中村正常さんと母・チエコさんの仲人は菊池寛さん。それぞれの方々とかなり親密な関係にあったことに、驚天動地《きょうてんどうち》の思いがします——私に言わせれば、「生ける世界文化遺産」です。

父、中村正常さんは昭和モダニズムを代表する新興芸術派、新感覚派の作家。川《かわ》端康成《ばたやすなり》さん、舟橋聖一《ふなはしせいいち》さん、今日出海《こんひでみ》さん、阿部知二《あべともじ》さんらと行動をともにして、ナンセンス文学の旗手として、井伏鱒二さんとも小説を共作していました。

　小説家としてだけでなく、劇作家としても活躍されていて、演劇を通して、舞台女優だったメイコさんの母親、チエコさんと知り合ったそうです。チエコさんにしても、土方与志《ひじかたよし》さんと小山内薫《おさないかおる》さんが創設した、日本演劇史に煌々《こうこう》と残る築《つき》地小劇場《じしょうげきじょう》出身です――メイコさんは文化界の華麗なる一族に生まれ育ったのです。いまで言えば、阿川弘之《あがわひろゆき》さんの娘、阿川佐和子《さわこ》さん、檀一雄《だんかずお》さんの娘、檀ふみさん、高見順《たかみじゅん》さんの娘、高見恭子《きょうこ》さん、山村美紗《やまむらみさ》さんの娘、山村紅葉《もみじ》さんのような。戦前、作家は演劇界や映画界でも、大きな発言力を持っていたので、生まれながらにして、芸術の世界で幅広い人脈を持っていたわけです。

　メイコさんの本名は神津五月。結婚前は中村五月です。中村メイコは芸名かと思いきや、そうでもない。「五月」の読み方は自由。中村家では英語で五月はＭＡＹなので幼い頃から「メイ」、メイに「子」をつけて「メイコ」と呼ばれていたそうです。

　さらに、神津は戸籍上は神津。旧漢字の「神」です。そのうえ、神津善行さんは本名、充吉《じゅうきち》。娘さんたちもカンナさんが本名が十月、はづきさんが八月。メイコさんのお母様、チエコさんも著書によって「中村千枝子」「中村知會」と自由に変えているんです。メイコさんの家は名前から考えると、とっても多様性に富んでいる。

私は昨年四月から『日本人のおなまえっ！』というNHKのバラエティ番組の司会をやらせていただいているんですが、この仕事で常に考えさせられることがあります。ひとつに、名前にも〝言霊《ことだま》〟が宿っているということです。五月で生まれ育つのと、メイコで生まれ育つのでは、まったく違う人格が出来上がったと思う。

そして、もうひとつ、名前というのは多くの人にとっては仮面（ペルソナ）だということ。もともと、ペルソナとはギリシャ古典劇で役者が使っていた仮面のことですが、スイスの心理学者、カール・グスタフ・ユングは「人間の外的側面」をペルソナと呼びました。

言うまでもなく、人間は社会的な存在です。そして、普通の人間の場合、いろいろな場面、場面でさまざまなペルソナを被って、社会に適応していきます。たとえば、仕事のときは中村メイコ、プライベートでは神津五月。それが普通のことでしょう。ところが、「気がついたら、というか、ものごころがついたら、女優になっていました」というメイコさんの場合、中村メイコというパブリック・イメージに従って、生きていくことになりました。

仕事もプライベートも、中村メイコ。父・中村正常さんと母・チエコさんは強烈な個性の持ち主。その二人とともに暮らし、育てられ、さまざまな世界で燦然《さんぜん》と輝いている巨星たちと同じ時間を過ごしていた。そんななか、自分なりに生きようとしていたわけです。

〝中村メイコ〟として生きていくことを運命づけられていた人生――言い換えるのなら、人並み外れた人生、パーソナリティは〝中村メイコ〟という名前から運命づけられていた――ただ、それは幸せなことばかりではありませんでした。「平らな道でもつまずくことがある。人間の運命もそうしたものだ」という、ロシアの文豪、アントン・チェーホフの言葉どおりに……。

第二章

メイコの青春

天才少女と
呼ばれていたけれど……

時代は戦後。戦災孤児の歌が流行っていた。復興へ向かうやみくもなエネルギーの中、メイコさんの仕事がまた始まっていった――古舘

昭和四十七（一九七二）年に渋谷に移転するまで、ＮＨＫは内幸町《うちさいわいちょう》にありました。終戦直後は二階から上は進駐軍が接収していて、一階しか使わせてもらえなかったんです。

二階から上は冷房完備。一階のＮＨＫは冷房なんて入っていなくて、撮影では強い照明を使っていたので、真夏はものすごく暑かったんです。ですから、よく二階に上る階段の踊り場に涼みに行っていたんですが、そこでＭＰ（進駐軍の憲兵隊）の兵隊さんからガムをもらったりしていました。

ＮＨＫのラジオドラマでは靴磨きの男の子役が多かったんですが、家に帰るため、湘南電車に乗ろうと新橋駅に向かっていると、ガード下の本物の靴磨きの男のコから声をかけられたことがありました。

「おい、メイコ、いまこの鉱石ラジオで聞いていたけど、おまえ、呼び込み下手だぜ。

教えてやるよ」と。そんなこともありました。

終戦後の復興は、本当にすごかった。こういうたとえをしてはいけないかもしれませんが、東日本大震災、三・一一後の復興とは桁違い。銀座にしても、焼け野原からあっという間に復興していって、ものすごくエネルギッシュでした。

テレビや映画、歌謡曲など、芸能の世界もやみくもなエネルギーがありました。

たとえば、昭和二十六（一九五二）年に大ヒットした、暁《あかつき》テル子さんの「東京シューシャインボーイ」という靴磨きの少年の歌があります。

「♪赤い靴のあのお嬢さん／今日もまた銀ぶらか／きっとお土産チョコレート／チューインガムにコカコーラ／サーサ皆さん往きも帰りも／ちょいと磨いてエチケット／ア、シュシュシュシュシュシュ／ア、シュシュシュシュシュシュ／ア、愉快な靴みがき」

大人になってから、よくよく考えてみれば、この曲の中の少年が好きなお嬢さんは、銀ぶらというけれど、チョコレートやチューインガム、コカ・コーラをおみやげに持ってきてくれるというのは、進駐軍を相手にしていたということ。きっと、そのお嬢さんは身を売っていたわけです。だけど、それをあんな明るい歌として、靴磨きの少年が歌っているということになっていて……いま考えると怖いことですけれど、当時はそんなこと思いもしませんでした。

戦後、銀座は進駐軍の兵士たちがジープで走り回り、夜のお相手をする女性たちがたむろしていました。戦災孤児が兵士たちにまとわりついて、チューイングガムやチョコレートをねだっていました。戦災孤児たちは浮浪児になり、靴磨きで糊口《ここう》をしのいでいました。そんな光景が繰り広げられていたこともあって、当時、戦災孤児の歌*17が次々とヒットしていたんです。

宮城《みやぎ》まり子さんの「ガード下の靴磨き」、大ヒット映画『鐘の鳴る丘』の主題歌で川《かわ》田正子《だまさこ》さんの「とんがり帽子」、ひばりさんの「東京キッド」……。

「♪歌も楽しや／東京キッド／いきでおしゃれで／ほがらかで／右のポッケにゃ／夢がある／左のポッケにゃ／チュウインガム／空を見たけりゃ／ビルの屋根／もぐりたくなりゃ／マンホール」（「東京キッド」）

「東京キッド」はよく口ずさんでいましたが、いま歌詞をよく読むと、悲しくなってきます。でも、当時、悲しみよりも、「右のポッケにゃ／夢がある」に共感する気持ちのほうが強かったように感じます。東京は一面の焼け野原になってしまったけれど、明日はよくなる、希望を持っていれば、復興していけると信じていた。

*17　当時の歌謡曲は靴磨き以外も、鶴田浩二の「街のサンドイッチマン」(1953年)、曽根史郎の「若いお巡りさん」(1956年)、初代コロムビア・ローズの「東京のバスガール」(1957年) ほか、世相をあらわす職業を扱ったヒット曲が多かった

戦災孤児の歌は、悲しみを胸に秘めながら、希望を持ち続けて生きていこうという、戦後のみんなの気分を代弁していた、だからこそ、ヒットしたんだと思います。

そんな戦後のヤミ市で売っていた、うすーいミソナベのような、哀しみと希望のつまったあの時代を忘れないでほしいのです。

服部良一先生、笠置シヅ子さんのブギものには、先生の不肖の弟子、中村メイコの胸にも深く響くものがありました――メイコ

笠置《かさぎ》シヅ子さん*18の「東京ブギウギ」や「銀座カンカン娘」も歌詞に希望があふれています。

「♪東京ブギウギ／リズムうきうき／心ずきずき／わくわく／海を渡り響くは／東京ブギウギ／ブギのおどりは／世界の踊り」（「東京ブギウギ」）

「♪あの娘可愛やカンカン娘／赤いブラウス、サンダル履いて／誰を待つやら銀座の街角／時計ながめてそわそわにやにや／これが銀座のカンカン娘」（「銀座カンカン娘」）

＊18　1914年生まれ、1985年没。朝ドラ『わろてんか』のモデル、吉本せいの次男、跡取りの吉本穎右（えいすけ）と恋に落ちるも、せいが結婚に反対。1947年に女児を出産したが、穎右は出産数日前に亡くなる。以後、シングルマザーとして、歌手活動を続けた

戦後、笠置シヅ子さんは「ブギの女王」として大スターになりましたが、戦前からよく存じ上げていました。笠置さんの「東京ブギウギ」や「銀座カンカン娘」などブギものの作曲は服部良一《はっとりりょういち》先生。*19 笠置さんと服部先生は戦前からコンビを組んでいたんですが、私も戦前から服部先生に師事していて、「メイコの電話」「小さな恋をしちゃったの」など、先生が作曲した歌を歌っていました。

当時、歌手というと、みんな音楽学校出身。きれいな声でビブラートを利かせて歌う人がほとんどだったんですが、笠置さんの地声で歌う歌い方が服部先生は好きだったんです。

それで、スウィング・ジャズに向いている歌い方だと考えられて、作曲されていました。笠置さんとは、よく戦地慰問や劇場でご一緒させていただいたんですが、服部先生の作曲された笠置さんの歌は子供心にもインパクトがありました。

「♪アイレ可愛や／村娘／好きな小鳥を／追いかけてハー／鳥籠ブラブラ／ぶらさげてハー／鳥籠ブラブラ／ぶらさげて／アイレ朝から／川づたい／岸の柳の／木の影でハー／村から村へと／流れゆくハー／村から村へと／流れゆくアイレー／アイヤラレーアイレー／アイヤラレーアイレー／アイレーエアイヤ／ランランランアイレ／アイ

＊19　1907年生まれ、1993年没。淡谷のり子の「別れのブルース」、渡辺はま子・霧島昇の「蘇州夜曲」、藤山一郎・奈良光枝の「青い山脈」ほかヒット曲多数。ジャズやクラシック音楽の作曲も手がけた。没後、国民栄誉賞受賞。作曲家の服部克久は長男、服部隆之は孫

ヤ／ランランアイヤ／ランランアイヤ／ランランラン」（「アイレ可愛や」）
「♪アイヤラレーアイレー」とか、どこの国だかわからないんですけれどね。わけがわからないんですが、戦中の鬱屈《うっくつ》した気持ちをうまく表現しているというか……すごい曲だと思いました。笠置さんは「ブギの女王」として有名ですけれど、戦前は「スウィングの女王」だったんです。そして、「スウィングの女王」と「ブギの女王」は、服部先生が表現したい音楽という意味で、きっとつながっているんです。

戦中は制約がありましたから、服部先生も笠置さんも制約のなかで自分の表現したいことをやっていたんです。

それが戦後、ある意味、解放されて、本当に自分たちがつくりたい、歌いたい曲をやれるようになった。

戦後、焼け野原になった状況でしたが、あの戦争の悲しみ、苦しみ、理不尽から服部先生、笠置さんも解放された。お二人のブギものには、リセットして頑張ろうという気持ちが込められていると感じていました。

メイコさんは特攻隊の慰問をしていた。終戦後、すぐに今度は進駐軍の慰問に行かされた。気持ちの切り換えを余儀なくされた？——古舘

江利《えり》チエミちゃんと雪村《ゆきむら》いづみちゃんと三人で、森繁のパパのうちの庭でキャンプをしたことがあります。森繁さんに「キャンプに行きたい」と言ったら、「うちの庭でやれ」と言われて……。森繁さんは一五分おきに、「ウン、ウン」と咳払いをして見にきていました。

十五、六歳の頃。チエミちゃんといづみちゃんは学年が二コ下なので、十三、四歳だったと思います。ひばりさんを含め、彼女たちもGHQ、進駐軍相手にアメリカの曲を歌っていましたから、子供でしたけれど、戦友みたいなものだったんです。

カタカナで一生懸命、英語の歌詞を覚えて、「♪ゴンナ・テイク・ア・センチメンタル・ジャーニー」などと歌っていました。ホント、ちょっと前まで特攻隊の慰問に行っていたと思ったら、終戦して何日も経たないうちに進駐軍の慰問に行くことになりましたからね。

ただ、父は戦時中から、「アメリカという大きな国に勝てるわけがない。いまから負ける覚悟をしておけよ」と言っていましたから、心の準備みたいなものはできていました。どんな時代になっても対応するしかない。「こうなったんだ。よし、じゃ、これで行こう」と。

「メイコさんが最初に覚えた英語は？」と聞かれると、こう答えるんです。

「♪Come, come, everybody. How do you do, and how are you?」相当な年配の方しかわからないでしょうけれど、終戦直後に始まったNHKラジオの『英語会話教室』のテーマソング「カムカム英語の歌」です。

「♪しょ、しょ、しょうじょうじ」の「証城寺《しょうじょうじ》の狸囃子《たぬきばやし》」のメロディなんです。「でしょ？　知ってるでしょ？」って言うんだけど、なかなかわかってくださる方は少なくなりました。

「カムカムおじさん」こと平川唯一《ひらかわただいち》さんというNHKのアナウンサーがその番組の講師だったんです。「♪Come, come,everybody. How do you do, and how are you? Won't you have some candy, One and two and three, four, five? Let's all sing a happy song, Sing tra-la la la la」……一生懸命、英語を覚えようとしていたからか、

いまでも覚えています。

ものすごい時代の移り変わりを経験しました。舞台や映画、ドラマでいうと、「場面変わって」ばかり。ですから、普段の暮らしでも何があっても引きずらないのは、きっとそういうことが大きいと思います。

戦争中、戦後の経験がありますし、仕事でも「カット！　このシーンはこれで終わり」と言われたら、気持ちを切り換える。わりきりでしょうか。

たくさん引越しもしました。家を建てるときはたいてい建築家の方が「奥さんとご相談するのが一番ですので」とおっしゃるんですが、「私、場面に合わせて生活しますから。入口と出口があれば暮らせますから、とくに希望はありません」と言うんです。

メイコさん、人生の転機――二人のヨシユキさん、吉行淳之介さんと神津善行さんと出会った。不思議な巡り合わせですね……――古舘

作家の吉行淳之介さんと知り合ったのは、三世社《さんせいしゃ》*20という雑誌社でアルバイトをして

＊20　『モダン日本』を発行していた新太陽社から独立して、1952年に設立。『講談讀切俱楽部』を発行していた。メイコは主に座談会やインタビュー記事で吉行の編集補助をしていた

いたときのこと。疎開先から引き揚げてきて、茅ケ崎《ちがさき》で暮らしていた頃です。
雑誌社でアルバイトをしたのは……、当時、「アルバイト」という言葉が流行ってい
て、若者のすることとって感じがして、すごく斬新な響きだったんです。それで、ある
日、父に、「アルバイトというものをしてみたい」って言ったんです。
そうしたら、「君には何ができるかなあ。力仕事は無理、計算もできない。君ぐらい
の若い女の子が原稿を取りに行って、『先生、早く書いて』なんて言ったら、効率がい
いかもしれない。知り合いに頼んであげるから、週に三日ぐらい、ラジオの仕事の合
間にやりなさい」と。
紹介された雑誌社に行ったら、編集長格だったのが吉行さん。お目にかかったとた
んに一目惚れ。私は十六歳でしたけれど、吉行さんはこのとき、二十六歳、大人の男
性でした。
うわー、なんて素敵な人だろうと。まず、字に惚れたんです。編集者は校正が仕事
ですけれど、字を書いているしぐさも、字自体も素敵だったんです。
吉行さんの書くものや人柄も全部、大好きでした。
吉行さんとは結婚をしてからも、年一回、デートをしていました。吉行さんとのデ

ートは、年に一度、丸の内の東京會館で行われる中央公論社の文学賞の授賞式の後でした。

吉行さんは審査委員だったんですが、父にも招待状が届いていました。でも、父は「もう僕はとうに引退しましたから、招待状は娘の名前にしてください」って言ったらしくて、私が招待されるようになりました。

東京會館の人混みのなか、吉行さんどこにいるかな、と探すんです。吉行さんとは「指先をこうやったら地下のバー、こうやったら二階のラウンジ」というような符牒《ふちょう》を決めていて、目が合うと、合図を確認して、そこでスーッと抜け出して会うわけです。で、一時間ぐらいおしゃべりのデート。デートといっても、そんなプラトニックなものだったんですけれどね。

そういえば、吉行さんはこんなことをおっしゃっていました。

「おい、メイコ。おまえ、運がいいな。旦那と俺の名前を間違えてもいいからな。神津善行だから、『ヨシユキさん』って言っても、どちらかわからない」

神津さんの本名は「充吉」です。神津さんは国立《くにたち》音楽大学の学生だったんですが、当時の国立音楽大学は厳格でアカデミック。ですから、三木鶏郎《みきとりろう》先生*21のところでアルバ

＊21　1914年生まれ、1994年没。作詞家、作曲家、放送作家、構成作家、演出家。マルチに活躍、永六輔、神吉拓郎、野坂昭如、小沢昭一、五木寛之、神津善行、いずみたく、キノ・トール、中村八大、楠トシエ、なべおさみ、左とん平らを育てた

イトをするときに本名を名乗れず、「善行」と名乗ったんです。

もちろん、名前が同じなのは偶然なのですが、吉行さんにそう言われると、私にとっては何か運命的なものだったのかもしれないと思ったりもします。

初恋の人、吉行淳之介さんとの最初のデート。甘酸っぱい思い出として、いまもありありと記憶に残っています――メイコ

吉行さんの小説に、私がモデルの少女が登場しているものがあります。
「水の畔《ほと》り」*22という作品。
《ある冬の日、冗談のように彼の両手でつつみこんだ少女の片方の掌を、乱暴に彼の外套《がいとう》のポケットへ投げこんだ》
このときのこと、覚えています。吉行さんのオーバーのポケットに私の手が入っていて、「わっ、どうしよう。どうしよう」って、いっぱいいっぱいの気持ちで一緒に歩いていました。

＊22　「新潮」1955年４月号に発表。村上春樹の『若い読者のための短編小説案内』（文春文庫）で「吉行淳之介の不器用さの魅力」として、取り上げられている佳作

場所は新橋駅のガード下。当時、ＮＨＫのラジオの仕事もしていましたが、ＮＨＫは都電の田村町一丁目の停留所の近くにあって、茅ヶ崎に住んでいた私は、前にも言ったように湘南電車に乗るために、いつも新橋駅まで歩いていたんです。

新橋のガード下を通って、吉行さんの馴染みの飲み屋に連れて行ってくださることもありました。まだ、十六歳だったんですが、その頃は平気でお酒を飲んでいたんです。

吉行淳之介さんとの最初のデートは、忘れもしない向島《むこうじま》の料亭です。広い庭に離れがいくつもあって、鹿おどしの音が聴こえてくる、情緒ある料亭。憧れの人との初デートですから、すごいオシャレをして出かけたんですが、吉行さんはネックレスを見て、言ったんです。

「その、さらし鯨みたいな首飾りを取ってくれないか」

そのネックレスは母にねだって買ってもらった高価なもの。ワンピースと同じシルバーグレーで、大柄に花が描かれていて、お気に入りだったので、「さらし鯨」みたいだなんて、失礼しちゃうと思って、

「どうしてですか？」

と聞いたら、こう答えたんです。

「首筋のホクロが見えない」

そう言われても……。

「でも、気に入っていますから、取りたくないです」

結局、お断りしたんですが、後からこんなことを言われました。

「断られて、よかったよ。あのとき、素直に外してくれたら……。男が首筋のホクロを見たいと言うのは、そのホクロに口づけをしたいとか、そのホクロの上までいって接吻したいという意味だからね。君は全然、それに気づかなかった」

なんだか、惜しいことをしたという気がずっとしています。

吉行さんと男と女の関係になれなかったことは……
惜しいような、よかったような、
複雑な気持ちが残っています
——メイコ

吉行さんはこのときのことを長篇「男と女の子」[*23]で描いているんです。もっとも、こ

＊23　「群像」1958年９月号に発表。吉行初の長篇作品。大会社をリストラになったその日、男は丸顔の濃い化粧、大きな頭でアンバランスな躰のヌードモデル志望の少女と出逢って……。『男と女の子』（小学館Ｐ＋Ｄブックス）で入手可能

の小説に登場する女の子はヌードモデル志望の少女。私がモデルになっているわけではないんですけどね。

ただ、先ほどの私がモデルの「水の畔り」には、こういうふうにも書いていらっしゃいます。

《こんな不安定な状態にある少女にたいして、彼は彼自身の方が常に揺れ動くことによって少女の心をいたわり、そして安定させようとしていた一方、少女の意識のなかに特定の具体的な男性として這入り込むために、少女の意識の下にうごめいている感情を引きずり出してしまいたいという発作にもしばしば捉えられていた》

そういえば、吉行さんからはこんなことを言われたこともありました。

「君が正常さんの娘さんでなかったら、ボクだって結構、女好きだから、あんなふうに好きだ、好きだという態度を示されれば、何とかなっていたのかもしれないな」

父の中村正常と吉行さんのお父様、吉行エイスケさんは、昭和初期の新興芸術派で作家仲間。親しかったようです。

吉行さんと何もなかったことは、惜しいというような気持ちもあるんですが、ずっと一緒に暮らしていた宮城まり子さんとの関係を描いた長篇「闇の中の祝祭」を読むと、怖ろしくなってきます。すごく濃厚な男と女の関係！　私には、怖すぎます。

吉行さんは一九九四年に七十歳で亡くなりましたが、宮城さんにお悔やみを伝えたところ、こう言われました。

「若い頃にメイコさんが書いた手紙、淳ちゃん、残していたわ」

熱烈なラブレターです。吉行さんは小説のヒントになると残していたのかもしれませんが、青春時代の大切な思い出を残していてくれたのかと、嬉しくなって、

「本当？　その手紙は残っているの？」

と聞いたら……。

「悔しいから、焼いちゃった。メイコさんも残ってたら、困るでしょう？」

別にいまさら、困らないんですけど……。

私にはそんな強烈な嫉妬心はありませんが、宮城さんのその言葉からは〝女の業《ごう》〟みたいなものを感じました。吉行さんの小説の世界のような、本当の男と女の関係が二人にはあったんでしょうね。

吉行さんと私は、その後も残念ながら、そういう男と女の関係に至らず、淡いもので終わってしまった。でも、独りよがりのものだったのかもしれませんけれど、私を

モデルにした作品を残してくださったのは、本当にありがたいことだと思っています。

三木鶏郎先生のスタジオで出会った、大学生だった永六輔さんと神津善行さんが、メイコさんにとって、初めてのボーイフレンドだったと――古舘

「田舎のバス」[*24]という曲は、名古屋でのあるできごとがヒントになって生まれました。

名古屋に一か月ほど公演で行ったとき、劇場がデパートの最上階にあったので、一般の方が使うエレベーターに乗って、楽屋に入っていたんです。エレベーターガールさんは「次は三階にまいります。春の婦人服が陳列してございます」と標準語で案内していましたが、たまたま友達が乗っていたらしく、名古屋弁で、

「あんた、何ぎゃい（階）行くの？」

「四ぎゃいだがね」

そんなやりとりをしてから、今度は標準語で案内を続けました。

「次は四階にまいります」

＊24　中村メイコ、最大のヒット曲。レコードの演奏はフランキー堺とシティ・スリッカーズが担当。クレイジーキャッツ結成前の谷啓がトロンボーンを吹き、植木等が牛の声を真似ている

それが面白くて、行ったり来たりして、何度もエレベーターに乗って、お客さんたちが名古屋弁を話しているのを聴いて、名古屋弁をマスターしました。

それで、東京に戻ってから、エレベーターガールの仕事用の標準語とプライベートの方言の切り換えのやりとりを三木鶏郎先生に話したら……。

「それ、おもしろいね。曲にしよう」

いろいろお話ししているうちに、エレベーターからバスに設定を変えました。地方へ行ったときの列車のなかで、私がバスガイドのものまねをしたのを三木先生が覚えていて、バスにしたんです。最初、バスガイドの台詞は「皆様、毎度御乗車下さいまして、ありがとうございます」って普通に言うんですが、「アンレマしょうがねー。牛だナー」と方言がでてくる。名古屋弁はわかりづらいので、東北弁っぽくしました。

それで、田舎のバスに車掌さんの知り合いのおばあちゃんが乗って来たという設定にして……台詞は全部、アドリブ。最初は、昭和二十九（一九五四）年に文化放送の『みんなでやろう冗談音楽』で放送されて、予想を超える大反響でした。それで、レコードになって、思わぬ大ヒットになったんです。

三木鶏郎先生と知り合ったのは、昭和二十七（一九五二）年に先生が演出、音楽担当のラジオドラマ『緑の天使』（ＴＢＳラジオ）に出演させていただいたときです。

それから、気に入ってくださって、ＮＨＫの『ユーモア劇場』[*25]など、ずっと、ご一緒させていただきました。三木先生はヘンな人でしたけれど、すごい天才でした。

神津さんと知り合ったのも、鶏郎先生のスタジオなんです。私が十七歳、神津さんは十九歳。その頃、神津さんは国立音楽大学に通いながら、三木先生のスタジオでアルバイトで作曲や編曲の仕事をしていたんです。同じ頃、早稲田大学の学生だった永《えい》六輔《ろくすけ》さんも、放送作家の弟子として、アルバイトをしていました。

私はスタジオのアイドルさんみたいな待遇で、鶏郎先生のところにいたんです。その頃、私にはボーイフレンドはいなくて、仕事の相手役で多かったのは佐田啓二《さだけいじ》さんだったり、鶴田浩二《つるたこうじ》さんだったり……。

いい男は周りにいっぱいいるんだけれど、私としてはどうしても、役者として見てしまう。「また、ＮＧを出して嫌だな」「台詞が下手だな」「早く終わりたいな」とか、そういう感じだったので、俳優さんにはあまりに近すぎて憧れがなかったんです。

そこへ初めて、普通の学生だった永君と神津君が現れたわけです。新鮮でした。それで、「ボーイフレンドができた」って父に言ったら、「名前を教えろ」、と。

＊25　三木鶏郎による人気ラジオ番組『日曜娯楽版』は世相風刺、政治批判が社会問題化して打ち切りとなり、1952年６月に『ユーモア劇場』と改称。だが、同番組も造船疑獄を風刺したことが国会で問題となって、1954年６月に打ち切りとなった

昭和30年頃に発売されたメイコのブロマイド。
この頃、神津さんと交際していた

「えーと、永君と」

「A君？　頭文字はいかん！　本名で言え」

「永君は『永』が名字。永遠の『永』なの。もう一人は、神津君」

ああ、こういう人たちが普通の大学生なんだなぁと思って接していたんですが、私は面食いだから、初めから、永君より神津君のほうがちょっといい男だなと思っていました。それに、永君は当時から舌っ足らずの甘ったるい喋り方で早口。感情家ですぐ怒ったり、すぐ泣いたりしていましたからね。

神津さんとの最初の出会いは、神津さんが編曲した歌を歌うことになったときでした。『日曜娯楽版』というラジオ番組のための「オセンチ娘」という曲でしたが、私は譜面を読めないから、ピアノでメロディを弾いてもらったんです。

それで、いざ、歌うことになったんですが……。

「した、どのくらい出ますか」

と、まず彼が言ったんです。なので、私は、「舌、ああ」って、舌を出した。

それなのに、何も反応はなくて、しばらくすると、もっと大きな声を出してきた。

「したはどのくらい出ますか」

もっと舌を出せってことだと思って、もう目いっぱい舌を突き出したんです。何も言わないなぁと思っていたんですが……。神津さんはふと振り向いて、私があっかんべえをして立ってるのを見てびっくりしていました。

「いや、あの、音域で〝下〟のことですから」

呆れ顔になっているから、癪《しゃく》に障《さわ》ってしまいました。

「だったら、『下はどこから、上はどこまで出ますか？』と言ってくれなければわかりません」

最悪の出会いですよね。神津さんの第一印象も「こんな何も知らない人に初めて会った！」だったそうです。


メイコさんは十代後半の頃、実は作家になりたかったそうですね。お父さんの影響？——古舘

十代後半に入ると、役者よりも、作家になりたくなっていました。本を読むことが唯一の趣味というか、大好きなことだったので、頼まれるままに、いろいろな雑誌で連載を持っていたんです。

でも、自分の書いたものと、自分の読んでいる作品を比べてみると……うまい人のを読むと、とてもあんな筆力はないとどうしてもへこんでしまう。

その頃、私の周りには本当に綺羅星の如く文章がうまい方々がたくさん、いました。まず、吉行淳之介さん。「うわー、こんなこと書かなきゃ小説家にはなれないんだ」「文章はこんな表現をしなければいけないんだ」と、私にはとても無理だと半ば諦めるようになってしまっていました。

理想とするものが自分のものと遠すぎて、頑張ろう、精進しようという前向きな気持ちになれなかったんです。

決定的だったのは、昭和三十年に『ママ横をむいてて』（ひまわり社　それいゆ新書）という小説の単行本を出版したのを、「週刊朝日」の書評で酷評されてしまったことです。作家の平林《ひらばやし》たい子先生*26が、こんなものは文学はもちろん、小説としても、文章としても、成り立っていないとお書きになっていて、これ以上の酷評はないみたいな……。

それを読んで、私はポロポロ泣きながら、父に「パパ、こんなふうに書かれちゃっ

*26　1905年生まれ、1972年没。作家、婦人活動家。プロレタリア作家としてデビューしたが、戦後に転向して反共・右派色を強めた。任侠小説、社会時評、随筆など幅広く執筆。代表作に「かういふ女」「地底の歌」「秘密」「私は生きる」など

た」って言ったんです。すると、父はこう言ったんです。

「当たり前ですぞ。プロとして小説を書くことはそうたやすいことではない。彼女はやっぱり本格的な作家だから、いいことを書いてくださった」

突き放されてしまったわけですが、その頃「週刊朝日」は一〇〇万部を超える大メジャー雑誌だったので、本当にショックでした。それに、当時の編集長は扇谷《おうぎや》正造《しょうぞう》さん。[*27]扇谷さんは父の知り合いだったんです。

このときのことを扇谷さんにお聞きしたことがあります。すると……。

「正常さんは直談判にやってきたよ。『ひどいじゃないか！　メイコの小説は力不足なのはわかっている。でも、こんなこと書かれたら傷つくし、若い芽を摘《つ》むことになる。すぐに取り消してくれ』。あの中村正常も親なんだなあと思ったよ」

扇谷さんは随筆にも「親バカの中村正常が怒鳴り込んできた」と書いていらっしゃいます。

本当に、男親っておもしろくて、おかしいですよね。

＊27　1913年生まれ、1992年没。編集者、評論家、ジャーナリスト。「週刊朝日」編集長として数々のスクープを掲載、徳川夢声の対談「問答有用」、吉川英治の小説「新・平家物語」など人気連載を立ち上げ、部数を就任前の10倍以上の百数十万部に伸ばした

小説への酷評は叱咤激励だったのかもしれません。でも、あのとき、調子に乗って小説家になろうなんて思わなくてよかった――メイコ

その後、平林先生と『メイコのごめんあそばせ』で対談させていただきましたが、私は臆面もなく、こう言ってみたんです。

「あのとき先生にクソミソに書いていただいて、感謝しています。そうでなかったら、うぬぼれ屋の私はもの書きになって、売れなくて、困っていたと思います」

そうしたら、平林先生はこうおっしゃっていました。

「そんなこと書きましたっけ？　でも、あなたの気持ちはどうでもいいわ。あなたのお父様は私の酷評について、どうおっしゃっていたの？」

父の言葉を伝えたら、静かに頷いていました。

平林先生の酷評がひとつのきっかけになりましたが、もしかしたら、叱咤激励《しったげきれい》だったのかもしれません。ただ、当時は本当にショックだった。でも、平林先生に伝えたように、ちょうどよかったんだと思うんです。

『ママ横をむいてて』は川端康成《かわばたやすなり》さんが帯文を書いてくださったこともあって、結構、売れたんです。あそこで調子に乗っていたら、すごい中途半端なかたちで物書きになってしまっていたかもしれません。『ママ横をむいてて』は映画にもなりましたからね。*28 音楽は神津さんで映画の主題歌も作曲してくれました。その頃、ちょうどお付き合いを始めていたんだと思います。

もともと、『ママ横をむいてて』は中原淳一《なかはらじゅんいち》さんの「それいゆ」という雑誌に連載していた小説なんです。断筆をしていた父は酔っ払って、小説の連載を引き受けてしまったんですが、やっぱり、書かないということになって、私が書くことになってしまった。どうして『ママ横をむいてて』を書いたかっていうと、母が煩《わずら》わしかったんです。ちょっとボーイフレンドと遊んで帰ろうかなと思っても、「じゃ、ママも一緒に行くわ」となるので、ママ、ちょっと横向いていていてという。

実は、父に相談したことがあるんです。

「ママがすごくうるさいんだけど。ちょっとボーイフレンドと遊ぶことでも、何でもうるさくて、いやになっちゃう」

そうしたら、父は……。

＊28　1955年3月公開。松竹大船撮影所製作、堀内真直監督。主演は中村メイ子、パパ役が明石潮、ママ役が沢村貞子。共演に佐野周二、三宅邦子ほか。小山明子の女優デビュー作

「あれは雌鳥ですからな。雌鳥は自分のヒナに何か危害があると思うと、とりあえず抱きかかえて守る。だから、ママを人間の母親と思わないで、『ククククックッ』と鳴いている雌鳥だと思って見なさい。おもしろいですぞ」

そう言われて、実体験でなく、創作で書いてみたんです。

一口で言えば、十代の女の子がおじさま族や同年輩のボーイフレンドをはじめ、いろんな人とどんなふうに付き合っていったかというお話です。普通の女のコだったら、こういうこともできるだろうな、ああいうこともできるだろうなと想像して……。私、そういう意味では、不幸せなんです。どこへ行っても、「あ、メイコちゃん」って言われるから、普通っぽいことが何もできませんでしたからね。

そういえば、神津さんとお付き合いを始める前、十八歳くらいのとき、普通の女のコとして、すごいチャンスがあったんです。銀座のバーで日系二世のアメリカ人にデートに誘われたんです。「ボクハ、ヨクワカラナイケド、アナタハ、エイガスターー?」なんてカタコトの日本語を話していたんです。その頃、中村メイコのことを日本中の人はたいがい知っていて、普通の女のコとして見てくれる人がいなかった。

それで、「ボク、ヨク日本語デキナイケド、キョウ、アソビマショウヨ」と誘われて、私はバカみたいにそれを信じてしまった。昨日、アメリカから着いて、慶應義塾大学の学生になると言っていたんですが……。その話をしたら、吉行さんはこう言っていました。

「それはもう絶対、騙《だま》されてんだよ。君に一瞬、夢を見させてあげようと思ってね。その男も、うまいこと考えたな」

たぶん、そうなんでしょうね。吉行さんは女の人を騙してばっかりいた人だから、よくわかるんだと思います。

小説家になりたいという夢も、小説を書きたいというのではなくて、小説家になることを夢みていただけのような気がします。芸能の仕事で元祖マルチタレントと言われたりしますが、いただく仕事をこなしていったら、結果として、そうなっただけです。歌手としても、女優としても、他の方々に比べて、歌を歌いたい、芝居をしたいという気持ちはそれほど強くなく、執着するところがなかったから、かえって何にでもチャレンジできて、でも、そのどれも大成できなかったと思うんです。

めいっぱい仕事を頑張り、めいっぱい明るさをふりまき、戦後の一隅に灯りをともしてくれていたメイコさん。でも心底つらい時があったんですね――古舘

作家になる夢は諦めたんですが、その後、ラジオやテレビ、映画に雑誌の取材……もう目いっぱいになっていきました。睡眠時間は二時間ぐらいしかとれなくて、ノイローゼ状態になっちゃったんです。

赤坂のTBSの番組への出演だったか、築地のビクタースタジオにレコーディングに行かなければいけなかったのか、よく覚えていませんが、ふと気がついたら、当時、最先端のお店だった日比谷のアメリカンファーマシー*29にいたんです。素敵なアメリカ製の雑貨がたくさん売っていて、お気に入りの場所だったんです。少女らしく、かわいい便箋とか封筒が欲しいなと思って、いろいろ見ていたんですが、二世の売り子さんが声をかけてきました。

「ア〜ラ、メイコチャン、イソガシイ、カワイソウ。ヴァイタミン？」

＊29　1950年にアメリカ海軍将校倶楽部の一室にオープン。1952年に有楽町の日活国際会館（現ペニンシュラ・ホテル東京）に移転。“Your Drug Store in Japan”がコンセプトだった。現在も丸ノ内店（丸の内ビルディング）ほかで営業中

普通の女のコのようにお買い物をしたかったんですが、疲れた顔をしていたからか、ビタミン剤でも飲みなさいって言われた。〝ビタミン〟でなく、〝ヴァイタミン〟というのにも、何かカチンときちゃったんです。普段なら何でもなかったんでしょうけれど、やっぱり、おかしかったんでしょうね。無性に悲しくなってきて……もう、死にたい。死んじゃおうという気持ちになってしまった。

たぶん、きっかけを待っていたんだと思います。

それで、タクシーに乗って、湘南方向に向かいました。自分でもよくわからないんですが、横浜で寄り道をしているんです。タクシーの運転手さんに「一緒にラーメン、食べよう」と、南京町《なんきんまち》、いまの横浜中華街ですが、そこの屋台でラーメンを一緒に食べているんです。今生の別れの食事、と思ったわけではなくて、お腹がペコペコだったからだと思うんですけれどね。あのときのことは記憶があいまいなんですが、一五年くらい後、ある番組でその運転手さんが名乗り出てくださって、会ったんですが、本当のことでした。それに、その日の仕事先へはキャンセルの連絡も入れていたそうですが、これも記憶がないんですよ。

それから、戦後しばらく住んでいた、茅ヶ崎海岸に向かいました。

とにかく、なんだか悲しくて、悲しくて……もう、すべてが面倒くさい。もう、ともかく面倒くさい。もう現実に帰りたくないと思って、海に入っていったんです。

でも、私、運動は苦手なんですけれど、泳ぎはうまいんです。ですから、沖にどこまでいっても、沈まない。本能として、泳いでしまって、そのうちくたびれて、気がついたら、波打ち際で浮かんでいたそうです。

そこに、たまたま、徳川夢声さんのお嬢さんが通りかかった。夢声さんのお嬢さんは、茅ヶ崎で旅館をやってらっしゃったんですけれど、奇跡的な偶然です。

「メイコちゃんじゃない！」と、すごく驚いて、旅館に連れて行ってくださったそうです。

それで、「パパやママに、すぐ知らせる？」と聞いたら、私、「絶対、嫌だ」と答えたそうです。そして、「ここへお願いします」と、神津さんの連絡先が書かれた小さなメモを渡したらしいんですよ。

このときは、神津さんとはまだ、お付き合いをしていなかったんです。ただ、唯一、普通の男のコというか、芸能界以外では、彼ぐらいしか親しい知り合いはいませんでした。父や母、芸能界の方だと、大ごとになりそうでしたから、神津さんを消去法で選んだんだと思います。

神津さんはすぐに駆けつけてくれて、関係各位に連絡して、見事に事後処理をしてくれたんです。そのことで、神津さんを見る目が変わったところもあります。

戦時中、九死に一生を得たこともあったのに、自分で死のうとしたことはいまでも、不思議ですね。いまでも、あのときもし死んでいたら……、なんて思い出すこともあります。

三回目のデートで突然のプロポーズ。ニューヨーク留学を諦め、私を選んでくれた神津さんに感動しました――メイコ

茅ヶ崎にきてくれたことで、それまでより親しくなって、神津さんとお付き合いをするようになりました。それに……後から聞いたんですが、神津さんは麻布中学時代、私のブロマイドを見て、「将来、こいつと結婚するから」と言っていたそうなんです。

最初のデートでは、銀座にジェームス・ディーン主演の映画『エデンの東』を観に

行ったんですが、驚いたことがありました。まず、神津さんがチケット売り場で定期券入れから学生証を取り出して、こう言ったことです。

「学生証を出せば、割引になるんです」

学生割引、学割なんて制度は知らなかったので新鮮でしたが……。続けて、「お金がないので、普通席で観ましょう」と言われたことにはちょっと戸惑いました。もちろん、私の分も支払ってくれたのですが、それまで指定席でしか映画を観たことがなかったんです。やっぱり、芸能人としての意識もありますから、普通席で映画を観ているのを見られたらイヤだなあと思った。

でも、その頃、普通の女のコのように生きてみたいという気持ちが強かったので、周りを気にしながら、映画を観たのを覚えています。みなさん、映画に夢中になっていたので、心配する必要もなかったんですけれどね。

ちょうどその頃、神津さんといっしょに仕事をしていたんです。日本テレビの連続ドラマ『二人でお茶を』[*30]。主演は私とフランキー堺《さかい》さんです。フランキー堺さんは神津さんの麻布学園の先輩ですが、その縁もあってか、彼が音楽を担当。それで、最初、この番組が終わったら、ニューヨークへ留学すると言っていたんですが……。三回日の

＊30　1954年４月にスタートした金曜12時15分から30分のミュージカル・コメディ番組。１クールで当初の出演者フランキー堺は降板、千葉信男に代わった。メイコも３クールで降り、後任は宮城まり子。タイトルはミュージカル映画『二人でお茶を』に由来

デートで日比谷公園を歩いているとき、こう言われたんです。

「アルバイトで留学資金は貯まりました。でも、その留学資金を全部、あなたとのデートに使おうと思いますが、ボクは結婚が前提でないと女性と付き合えません。すべて使い果たしたときにきちんと返事をください」

突然のプロポーズ。ニューヨークの音楽学校へ留学する夢は、何度も聞いていました。それよりも私を大切に思ってくれている……そう思うと、心も体も震えてきました。そして、思わず、こう口にしていたんです。

「わたしでよかったら……」

そのとき、私は十九歳。相変わらず、仕事は忙しかったですし、神津さんも二十一歳の音大生でようやくお金を稼げるようになってきた作曲家の卵でした。すぐに結婚するような環境ではなかったんです。

プロポーズから二年かけて、昭和三十（一九五五）年二月に婚約。結婚したのはそれから二年半後の昭和三十二年十一月二十日のことです。ベストセラーになった三島由紀夫さんの小説『永すぎた春』は私たちがモデルだなんて言われました。

役者も声の仕事も〝イメージの郷愁〟をもとに演じる

〝七色の声〟と称されていたメイコさん。話していても、あるときは美空ひばりさん、またあるときは森繁久彌さん、ときに三木のり平さん、さらに中村玉緒さん、あるいは名古屋弁にしても、お父様の中村正常さんの独特な話し方にしても……声色を変えて、話すその声は巧みにその方になりきっているように感じて、驚きます。そういうことを書籍では表現できないことは、とても残念なんですが……。

しかしながら、それはものまねではないんです。

メイコさんの言葉で言うと、〝イメージの郷愁〟。その人はこういうふうに語っていたというイメージ、この名古屋の人ってこう話すでしょうというイメージ、みんなが持っているノスタルジアみたいなものを表現しているだけだというのです。

とてもうまい表現だと思います。たとえば、ラジオドラマのセキセイインコ役やレースのカーテン役、消防車役……日本語を話すセキセイインコやレースのカーテンなんて実在しないわけですから、似ている、似ていないじゃない。メイコさんの絶妙な声を聞き、我々の脳がイメージを創り出すのです。

考えてみれば、メイコさんの役者、芸能人のスタートはフクちゃん。横山隆一さん原作の漫画のキャラクターで、着物に下駄、大きな学生帽という幼い男の子。最初、サブキャラクターだったのですが、人気を呼んで主人公に昇格。映画化が決まったとき、八の字眉毛でおしゃまなところが似ていると、フクちゃん役に抜擢されたそうです。映画化された頃にはフクちゃんのイメージは広く浸透、そのイメージどおりに演じなければならなかった。メイコさんは二歳八か月でしたから、そういう意識はなかったでしょうが、結果的に、イメージどおりに演じることができた。言い換えれば、イメージの郷愁としてのフクちゃんを演じていた。

メイコさんは役者として、あまり役づくりをしない。台詞覚えがよくて、台本は一回読めば、だいたい頭に入るそうです。しかし、役づくりはあまり考えないで、この人はどういう生まれ育ちをして、どういう性格、考え方をするかをイメージしていって、その役を演じる。演じるときも、イメージの郷愁から入っていくわけです。

さらに、メイコさんの場合、そのことは生活していくときのスタイルにもなっています。奥さんになったら妻のイメージの郷愁、母親になったら母のイメージの郷愁……それをもとに役割を果たしていく。つまり、演じていく。

ただ、それはある意味、不幸なことなのかもしれません。中村メイコをイメージの郷愁で演じ続けていくと、いつしか自分という「素の部分」が小さくなって、空洞化が避けられなくなるからです――このことについては、私にはある考えがあるんです。

第三章

親友 美空ひばり

多くの出逢い、そして悲しい別れ

「上を向いて歩こう」の歌詞はメイコさんが永六輔さんに伝えた言葉がもとになって生まれたと聞いて驚きました——古舘

神津さんとの婚約が決まって、日比谷公園で永君に「神津君と結婚するわ」と伝えたら……、永君がぽろぽろ泣いたんです。

男性に泣かれるなんて初めてのことで、戸惑っちゃって、どうしていいかわからなかった。ですから、公衆電話から父に電話をかけて、「神津君と結婚するって言ったら、永君がぽろぽろと涙をこぼしているんだけど、こういうとき、どう言えばいい？」って相談したんです。

そうしたら、「『上を向いて帰りたまえ』と伝えたまえ。『涙がこぼれないように』とね」。

永君にはそのとおり伝えたんですが、それが永君の頭のどこかにあって、「上を向いて歩こう」の詞になったのかもしれませんね。父は後になって、酔っぱらうと、「ボクに印税が来ないのは罪ですな」ってこぼしていました。

「上を向いて歩こう」は永君の歌詞も素晴らしいけれど、中村八大《なかむらはちだい》さんのメロディラインも素晴らしいですからね。どうして『上を向いて歩こう』がアメリカでは「SUKIYAKI」になるのかは不思議ですけれど……。昔、どなたかに教えていただいたんですが、「SUKIYAKI」の英語歌詞は「It's all because of you, I'm feeling sad and blue You went away, now my life is just a rainy day And I love you so, how much you'll never know You've gone away and left me lonely (すべて君のせいだよ　ボクが哀しくさみしいのは　君が去り　いまボクの人生は雨の日のようだ　こんなに愛していることを　君はわからないだろう　君が去ってしまいボクは一人ぼっちだ)」。奇《く》しくも、失恋の歌詞になっているんです。

永君とはその後もずっと、お友達でした。

「メイコとの対談はつまんない。ボクがしゃべってると、すぐ入り込んでくるから」

よく、こう言ってましたが、でも、長い付き合いなので聞いたことがある話ばかりで、飽きちゃうので違う話題にしたくなっちゃうんです。お互い、すごいおしゃべりで、端から見たら、どちらもすごくヘンな人間だったことでしょうけれどね。

「胆石が出てきたら、いただけない?」——五〇年以上前ですが、黒柳徹子さんにこう言われ、驚いたことがあります——メイコ

黒柳徹子《くろやなぎてつこ》さんとも十代の頃から、親しくしています。

NHKのラジオドラマ『ヤン坊ニン坊トン坊』のトン坊役が黒柳さんの初主演。著書『トットチャンネル』（新潮社）でも書いていらっしゃいますが、そのとき、「中村メイコの真似をするな」とさんざん、言われたそうなんです。ヤン坊ニン坊トン坊というのは少年で、少年の声を大人の女性主演でやるのは初めてのことでしたが、私はラジオドラマでいくつも少年役を演《や》っていましたからね。

徹子さんも独特のキャラクターですから、NHK放送劇団に入ったものの、ちょっと干されていたようです。でも、飯沢匡《いいざわただす》さん*31に見出され、飯沢さんが書いた『ヤン坊ニン坊トン坊』、続いてNHKのテレビ人形劇『ブーフーウー』で人気者になっていきました。飯沢さんは私もお世話になっていたので、徹子さんは一歳年下の私にちょっと複雑な思いがあったのかもしれません。

＊31　1909年生まれ、1994年没。劇作家、演出家、小説家として活躍しながら、朝日新聞社で「婦人朝日」「アサヒグラフ」編集長も務めた。時代を風刺する喜劇を得意として、狂言の復興にも尽力。黒柳徹子とラジオ、テレビ、舞台で数多くの作品を発表した

年齢が近い方々は、私に複雑な思いを持たれているみたいですからね。

三波伸介《みなみしんすけ》さん＊32にこんなことを言われたことがあります。

「メイコちゃんには、ずっと悔しい思いをしていたんだ」

三波さんは戦前、小学校時代から児童劇団に入って、芸能活動をしていました。もともと喜劇を志していたんですが、三波さんより四歳年下の私には、神様みたいな存在だったエノケンさん、ロッパさんともいっしょに舞台に立っているナマイキな奴だ……と、悔しい思いをし続けていたというのです。

平成二十九（二〇一七）年、徹子さんがモデルになったドラマ『トットちゃん！』に出演しました。私の役柄は戦争中、徹子さんが疎開していた青森の農家のお母さん。このキャスティングは徹子さんの希望だったそうなんですが、こう言っていたそうです。

「汚ったなくするように言ってね。あの方、いろいろチャラチャラするから」

ちょっと意地悪なところもあるんですけれど、とってもおもしろい人です。「野球でヒットを打ったら、なぜ一塁へ行くの？　三塁へ走ったほうがもどってくるのに近いのに……」と言ったことは有名です。他人のことはあまり言えませんけれど、あの人、

＊32　1930年生まれ、1982年没。コメディアン、俳優、司会者。戸塚睦夫、伊東四朗とのてんぷくトリオで人気を呼ぶ。1972年4月から「お笑いオンステージ」のＭＣを10年間、メイコと務めた。「てんぷく笑劇場」コーナーでは夫婦役で共演

本当におかしくて……。

五〇年以上前、銀座でばったり会ったことがあり、いきなりこう聞かれました。

「顔色が悪いけれど、どうかなさったの？」

当時、胆石で苦しんでいたんです。でも、はづきを妊娠していたので手術もできず、強いクスリも飲めないから、鎮痛剤でしのいでいたんです。

「胆石なんだけれど……。うまく石が出てくれればいいんだけれど」

「お大事になさってね。ごきげんよう」

こんな会話をして、別れたんですが、しばらくして戻ってきてこう言ったんです。

「もし、石が出てきたら、そのなかでいちばん大きな石を私にいただけないかしら？私、珍しい石を集めているの」

呆気にとられて返事ができないでいると、徹子さんは「それでは、ごきげんよう」とその場を去っていきました。結局、石はクスリで溶けていったみたいで、出てこなかったんですが、もし徹子さんに美しくて大きな水晶を、出てきた石だと言って差し上げたら、信用しかねない面白い人です。

それにしても、メイコさんは天下に名だたるへんな人達と仲良しでしたね――古舘

もともと、ヘンな人が好きなんです。私、意外とプロレスが好きで、力道山さん*33とも親友。力さんは赤坂のナイトクラブ、ニューラテンクォーターで刺されて、きちんと手当てをしなかったばかりに亡くなってしまわれたんですが、私も一日おきくらいに踊りに通っていたから、よく顔を合わせていて、知り合ったんです。

それに、力さんは港区に赤坂リキマンションを建てたんですが、そこは私が結婚前に住んでいた赤坂新坂町にあった自宅のすぐ近く。「リキクラブ」というナイトクラブもあって、通っていました。

力さんは気の短い方で、怒りだすと止まらなくなるんですけれど、お弟子さんたちは近くだからうちへ来て……。

「メイコちゃん、また暴れてるから、ちょっとなだめに来て」

どうして私が力さんをなだめに行かなきゃいけないいんだか、よくわからないんだけ

＊33　1924年生まれ、1963年没。大相撲力士として大関へ昇進直前の1950年に引退、プロレスラーに転身。美空ひばりと並ぶ戦後を代表するスターとして大人気となる。赤坂のナイトクラブで暴力団員に刺傷され、すぐに治療を受けなかったために死亡

れど、なぜだか彼は私の言うことを聞いてくれていたんです。

「力さん、やめなさい。そんなに怒るんじゃないの」と言うと、「そうか、そうか。我慢すんのか」と震えながら、我慢してくれていました。

森繁久彌さんはきわめつきのヘンな人。

『森繁の僕は美容師』[*34]という映画のロケーションでのできごとが忘れられません。森繁さんは美容院を経営する美容師役。当時は男性の美容師は珍しかったので、おねえ言葉で話していたんです。次女役が江利チエミちゃん、私は亡くなった姉の娘、森繁さんに育てられた姪役でした。この映画のロケがどういうわけだか名古屋近辺の田舎であって、二間しかない宿屋を借りて、男部屋、女部屋にして、着替えに使っていたんです。チエミちゃんは出番があって、私一人、女部屋で待機していたら、出番の終わった森繁さんが男部屋に帰ってきたんです。

そうしたら、一目会いたい、サインをもらいたいという地元のファンの女のコたちが宿屋で待っていた。それで、森繁さんと女のコたちのやりとりが聞こえてきたんです。森繁さんの声は「ウ、ウン」とか「まあ、ウ、ウン」って言ったり、時折、咳払いするのしか聞こえてこないんですが、女のコは「なーんなの。そんなにはやーとこ、

＊34　1957年８月公開。宝塚映画製作、瑞穂春海監督。ＮＨＫ連続放送劇「お父さん」が原作。井上大助、磯村みどり、水戸光子、沢村貞子、飯田蝶子、坂本武などのベテラン勢が脇を固めた

手握ってはいかん」「んまぁ、いかんてェ。森繁久彌って、もっとインテリかと思っとったのに、どういういやらしいのぉ？　そんなとこ、触ったらいかん！」とか言っている。声を聞いて、何をやっているのかなあって、想像していたんですがそれが名古屋弁だから、おもしろくなってきて……。

その後、森繁さんと二人のシーンがあって、カメラは引きで撮っていたから、撮影現場で二人きりになったんです。そこで、「パパ。さっきの何だったの？『森繁久彌ってもっとインテリかと思っとった』なんて女のコの声が聞こえてきた。パパは咳払いをしてたけど」と素直に聞いたんです。

森繁さんは真面目な顔をして、「うまいな、メイコ。ちょっと聞いただけで、それだけ名古屋弁をマスターしたんだな。覚えとけよ。今度、名古屋弁の役があったらそれをやれよ。褒められるぞ」と。はぐらかされて、何一つ、自分のことをおっしゃらなかったんです。

挙句の果てに、映画の翌年に御夫妻の銀婚式のパーティがあったんですが、そのときに奥様がいらっしゃる前で「メイコ、あの話、ママにしてやって。メイコの名古屋弁、おもしろいからな」と。びっくりして、「えっ。あの話をしていいんですか？」と聞いたら、「俺は一言も言ってないからな。相手の女のコのことだけ言えば、ママはわかる。長く一緒にいるんだからな」と。私は結婚したばかりだったので、こんな夫婦になれるのかしらってちょっと不安になったり、呆れる一方、できた奥様というか、なんて素敵なご夫婦だろうと思いました。

万葉集から西條八十、ハイネ、リルケ……古今東西の名詩は何でも頭に入っている。森繁久彌さんは本物のインテリでした――メイコ

森繁さんの女好きは普通じゃないですが、頭のなかは図書館みたいで、西條八十《さいじょうやそ》からハイネまで古今東西の名詩をそらで覚えている。「あれ何だっけ」って聞くと、すぐに答えてくれました。森繁さんのことはパパって言ってたんですけど、もともと森繁のパパはNHKのアナウンサーで満州に赴任していたし、すごいインテリなんです。

ただ、舞台で台詞が飛んでしまうこともありました。絶対、必要な台詞でも森繁さんは平気で飛ばしちゃうから、「すみません。パパ、舞台に戻ってくださいますか?」

って言ったこともあります。そしたら、「んっ？　まあ、いいじゃない」と。全然、よくないんですけどね。ただ、生のお芝居の面白さがありました。

森繁さんが入れ歯になられた頃のこと――でも、それほど年を取ってない頃でしたので、誰にも言ってないから、みんなそんなことを知らなかった。色気もありましたしね。

あるとき、私が舞台で待っていると、森繁さんは花道からの初めての登場だったので、出入り口に下げられた揚幕《あげまく》があがると、音楽にあわせて颯爽《さっそう》と現れたんです。

客席からは「森繁！」と声がかかり、台詞を言うはずだったんですが、いきなり私の顔を両手でつかむと、急に踵《きびす》をかえしてすたすたと揚幕をくぐって戻っていっちゃったんです。私、どうすればいいのだろうと気を揉んでいたんですけれど……舞台袖を見たら、森繁さんの付き人が、入れ歯ケースを持っていたんです。

入れ歯をはめないまま舞台に出てしまったんですよ。森繁さんを見たら、どうにかしてくれって身振り手振りで私に伝えていて、それがおかしくてたまらなかった。ただ、どうにかしなきゃと思ったから、「おかしな方だねぇ。何も言わずに行っちゃって、また何かお土産でも持って帰ってみえるかねぇ」とアドリブで言ってみたんです。そうしたら、どこかからお菓子を探し出して、それを持って入れ歯をはめて再登場、「はい、お土産」って私に渡して、切り抜けたんです。

そういうことが、生の舞台の楽しさなんですよね。

そういえば、神津善行の仕事のなかで一番好きなのは、森繁さんが主演された東宝の『社長シリーズ』[*35]。シリーズ三三作品、すべて神津さんが音楽を担当したんです。映画自体も、みんなの演技がもうおもしろくて楽しくて、喜劇の勉強になりますしね。伴《ばん》淳三郎《じゅんざぶろう》さん、由利《ゆり》徹《とおる》さん、フランキー堺さん……それに、三木のり平さん。あの頃の喜劇映画って、本当にすごかったと思います。

三木のり平さんという希代の役者さんは、演出家としても天下無双といっていい存在だったのですか――古舘

三木のり平さんの本領は舞台。所作《しょさ》というか動きが、もう天下一品でした。映画は現代劇が多いですし、とくに『社長シリーズ』ではおちゃらけた宴会芸のシーン以外、

＊35　1956年から1970年までに製作された全33作品の喜劇映画シリーズ。1952年公開の源氏鶏太原作のサラリーマン喜劇『三等重役』正・続がシリーズの源流。森繁久彌、小林桂樹、加藤大介、三木のり平、フランキー堺、小沢昭一らがレギュラー出演者だった

動きがあまり必要ないので、のり平さんのいちばんの魅力を皆さんあまりご存じないのが残念なのですが。

舞台のときののり平さんはものすごかった。

時代劇の芝居で、客席に向かって相手役ののり平さんと二人で並んで座って、「さんちゃん、好きだよ」とかって、私がのり平さんの膝にぽんと乗るシーンがあったんです。私は不器用ですから、なかなかうまく膝に乗れなくて、ちょっとずれちゃったりしていた。のり平さんは演出もされていたんですが、それはもう怖い演出家。「メイコ、何べん言ったらわかるんだ。それ、ポンと一回で乗ってくれなきゃ幕が切れないんだよ。喜劇にならないんだ」とずっと怒られていた。

それで、もう初日が開くギリギリまでできなくて、最後の通し稽古でもできなくて、ちょっとズルッとなっていたんです。そうしたら、どうしたことか、初日の幕が開いたら、「さんちゃん、好きだよ」っていう、いい間で膝にポンと乗れたんです。暗転で真っ暗になった中、ポンポンと私を叩いて、「よかったな」って言われたんです。

もう涙が出そうになって……。それで、その後で見たら、立ち位置をテープでマーキングすることをバミるというんですが、のり平さんのバミりの位置がいつものときより三〇センチくらい私のそばになっていたんです。

のり平さんは、そういうことをさりげなくされるんです。

もしかしたら私、のり平さんに恋をしてたのかもしれません。私はいい男が好きだから、見てくれはああいう方ですから違うんですが、でも、本当に二枚目だなと感じるのは、「男の素敵さってこういうことかな」と思わせる言葉やふるまいですからね。のり平さんを含めて、昔の役者さんたちって、本当に〝粋〟だったんです。

ただ、意外なことに、のり平さんって、台詞覚えが悪かったんですよ。どうするかというと、舞台なので客席から距離があるから、わからないようにいたるところにカンニングペーパーを貼っていたんです。

おでんを食べながら二人でしゃべるところがあって、私がこんにゃくをつまんだら、裏に台詞が書いた紙が貼ってあったりしましたからね。でも、流れとして、こんにゃくを食べないわけにいかないから、その紙も一緒に食べちゃったんです。そうしたら、のり平さん、「食ったな」と。「台詞を食った」という言い方もあるから、どっちの意味なのかわからず、悩んじゃった。でも、そのやりとりがおもしろかったらしくて、お客様は大喜びだったんですけれどね。

カンニングペーパーを用意するにしても、普通は柱とかにまとめて貼るんですが、のり平さんの場合、「一　へいへい」「二　よし、わかったぜ」というふうに番号を振って台詞を書いて、動きのとおり畳の上に貼っていく。動きは覚えているんですから、台詞も覚えられないことはないと思うんですが、あちこちにペタペタ貼っているんです。

ある日、一番長い重要な台詞のカンペを貼っておいたところに、山田五十鈴《やまだいすず》さん*36が座っちゃったんです。のり平さんは困っちゃって、「メイコ、ベルさんが座っちゃった」「ベルさんをどかして」って私に言ってきた。

のり平さんは五十鈴さんのことをベルさんと気安く呼ぶけれど、五十鈴さんは私にとって、大先輩の畏れ多い方なので、「どいてください」なんて言えない。

しょうがないから、「女将さん、ちょいとあちらへ」って水を向けたんです。台詞にないことを後輩に言われたものだから、五十鈴さんは不機嫌そうに「なぁーに?」と。私、困っちゃって、「いやぁ、あのぉ、ちょいと、こちらにお外しいただきたいんですけれど……」というふうにもにょもにょと伝えました。

同じ舞台で、カンペを貼るところがない料亭のシーンがありました。それで、台詞をそっと教えるプロンプターをどこかへ立たせるか……ということになったんですが、

＊36　1917年生まれ、2012年没。昭和を代表する映画・舞台女優。女優として初めて文化勲章を受章。結婚・離婚歴4回。代表作として映画『祇園の姉妹』(溝口健二監督)、『流れる』(成瀬巳喜男監督)、『蜘蛛巣城』(黒澤明監督)、舞台『香華』ほか

のり平さんは「銅像みたいにねずみ色に塗っちゃって、俺の弟子を二宮金次郎にして庭に立たせておこう」と。料亭の庭に二宮金次郎がいていいのかすごく疑問でしたが……。

「二宮金次郎なら本を持っていても自然だから、台本を持たせておけばいいじゃない。それに、お客は俺たちのほうを見てるから、その隙にページをめくっておくことができるから、都合がいいよ」

呆れてしまいましたが、あの頃の舞台は思いもよらないことがたくさんあって、本当におもしろかったんです。

フランスの名優に惚れられたかと思ったら、男のコと勘違いされていて……私ってやっぱり、生来の喜劇役者なんです――メイコ

当時は男性が外で芸者遊びをしたり、バーの女のコとデキたりすることは、普通でしたからね。役者だったら、「女遊びは芸の肥やし」が当たり前の時代。浮気ではなく

て、遊びとして、世間も寛容でしたし、私もそんなものだと思っていたんです。ただ、それでも大っぴらに遊ぶのはやはりはばかられたんでしょう。私、二枚目俳優さんたちの言い訳にされていたんです。

「メイコネクタイ」という言葉があって、二枚目俳優さんたちのどこの家にも、私からプレゼントされたというネクタイがあると噂になっていたんです。

共演もしたことがない方もいたんですが、ネクタイをプレゼントされたのが、バーの女のコとか奥さんが知らない女性だと揉めごとになってしまうから、みなさん、私からのプレゼントだと言っていたそうなんです。

私なら色恋沙汰と縁がなさそうですし、神津さんと婚約していたから、奥さんも「あの方、プレゼントが好きね」と納得できる。ある意味、嬉しいんですけど、趣味の悪いネクタイもいろんな二枚目俳優さんの家にあるのかと思うと、ちょっと……。それに、私だと安心だと思われるのなんてつまんないですよね。

私って、女っぽくないというか、中性的なのかもしれません。歌劇団の男役スターの方に急に後ろから抱きしめられたこともあったんですが、「ごめんなさい！　私、男が好きなんです」って逃げ出しました。

　フランスの名優、ジャン・マレーさんに口説かれたこともありました。昭和三十一（一九五六）年に岸恵子《きしけいこ》さんと共演した日仏合作映画『忘れえぬ慕情』の撮影のために来日されていたときのことです。

　歓迎パーティがあって、岸さんや有馬稲子《ありまいねこ》さんなど、美人女優のお姉様たちが「わっ、ジャン・マレーがこっちを見てくれた」と黄色い声をあげていたんですが、ジャン・マレーさんは「メイコ、ちょっと」と、よく私に声をかけてきて、やさしくしてくださっていたんです。

「やったね！」と喜んでいたら……。

　ジャン・マレーさんが帰国されるとき、振袖を着て、髪型はポニーテールでリボンをつけて、おめかしして、お見送りに行ったんですけれど、私だって、全然、わかってくださらなかった。

　ジャン・マレーさんは、詩人で作家、美術家、劇作家、脚本家、映画監督などなど、大才人だったジャン・コクトーさんの愛人。だから、少年が好きで、私のことを男のコと勘違いしていたようなんです。

「メイコ」が女のコの名前だって、フランス人ですから、わかりませんからね。当時、海洋冒険テレビドラマ『わんぱくフリッパー』[*37]の男のコの吹き替えをやっていましたけれど、声だけでなく、外見も少年だと思われていたなんて……。

そういうことを含めて、私ってやっぱり、大雑把な言い方をするなら、残念ながら二枚目ではないということなんです。なにかしらおかしいところがある、三枚目。そういうことがいつまでも付きまとってきた人生だったと思います。

メイコさん、今時は男と女の出来事に関しては芸人にもとても厳しくなった。昔はもっと寛容でしたね――古舘

私、面食いで二枚目が好きなんです。上原謙《うえはらけん》さんは二枚目中の二枚目。でも、正直、そんなに演技がお上手な方ではなかったんです。成瀬巳喜男《なるせみきお》監督の映画『くちづけ』（「第三話　女同士」／一九五五年公開）でご一緒したんですが、成瀬監督は厳しい方だったんです。上原さんの演技を見て、「まったく、もう。しょうがないから、しゃがめ。上原君、しゃがんで！」と。すると、高峰秀子さんが「次はしゃがみ上原～」ってつ

＊37　マイアミの公園警察官ポーター・リックス、息子のサンディとバド、イルカのフリッパーをめぐる物語。日本では1966年から1967年に全88話が放映。メイコはバドの吹き替えを担当

ぶやいていらっしゃるんです。東宝撮影所は小田急線沿線なので、小田急線の代々木《よよぎ》上原《うえはら》駅と相模大野《さがみおおの》駅をかけていたんです。高峰さんがそんなことおっしゃるから、私、もうおかしくて……。でも、やっぱり、二枚目が好きなんです。

そして、昭和の喜劇役者の方々ってみんな、心の二枚目でした。

三波伸介さんとＮＨＫテレビ『お笑いオンステージ』で一〇年近くご一緒していたんですが、私はこんな性格だから、「デブは嫌い」「私は痩せてる人が好き」「汗っかきのベトベト、大嫌い」とか言いたい放題だった。

あの番組は何年間か生放送でやってたんですが、あるとき、三波さんのお弟子さんが風呂敷包み持って楽屋入りするのを見たんです。それで、「男のくせに荷物多いのね。風呂敷に何が入っているの？」って聞いたら……。

「ここだけの話ですけど、メイコ先生が『汗っかきは嫌い』『気持ち悪い』っておっしゃるから、下着を何十枚も持ってきているんです」

リハーサルのたびに着替えて、本番ではまっさらの新しいものに替えてるというんです。「うわー、三波さんって二枚目。喜劇役者って本当にすごい」って思いました。

伴淳三郎さんもやさしいし、心が二枚目の典型。それに、インテリなんです。英語がペラペラで、戦前にハワイ、サンフランシスコ巡業にも行っているんです。知性があって、でも、やっぱり、女ったらしでしたけれどね。

ただ、女ったらしなのは、〝粋〟や、男としての魅力につながると思うんです。

そういえば、山田五十鈴さんはこんな名言をおっしゃっていました。

「私、二人の男の人と重なってお付きあいをしているときが、一番楽しいの。両方にきわどいうそをつきながら、会うことになる。バレるかもしれないという恐怖にさらされながら、逢瀬《おうせ》を重ねるのは実にスリリングだからね」

山田さんは何度も何度も恋をして、四回、結婚、離婚されましたが、それを女優としての〝糧《かて》〟にしていた。山田さんからは、いろいろお話をうかがいましたが、すごいと思ったのは……酔っぱらって、間違えて、前の旦那様の家へ帰ってしまったこと。「ただいま」って言ったら、元の旦那様が、「間違えるなよ。お前の家は昨日から違うんだよ」と言われたそうなんです。

洒落ているというか、そういう別れ方をしているんですよね。私も、万が一、神津さんと離婚したら、そういうことができたらいいなあと……というか、いかにも私がやらかしてしまいそうなことですけどね。

神津さんの浮気のストッパーは美空ひばりさん。ただ、神津さんも相手もかわいそうに思えるときもありました——メイコ

神津さんだって、仕事で知り合った歌手の女性たちと、何人も浮き名を流していましたからね。気がつかなかったわけではないんですが、私は何も言わなかったんです。見て見ぬふりは役者だから、うまいんです。

世間からは、神津さんとおしどり夫婦、いい夫婦だと思われているところがありますが、そんなこともないんです。いまもあんまり顔を合わせないように努力していますが、昔から、神津さんが浮気をするのは仕方がない、いや、そうではなくて、当たり前のことだと思っていましたからね。

いっぽう、男は勝手ですから、私がお酒を飲んで朝帰りをすると、詮索《せんさく》して、ちょっと嫉妬していたみたいですけれど、私のほうは全然、嫉妬という気持ちが湧いてこないんですよ。まあ、浮気の現場を見たわけではなくて、もちろん、探偵なんて雇ったりしたことはありませんが、何となく浮気をしているんだなあとはわかるんです。

新婚の食卓。結婚したときに神津さんから小さな猿をプレゼントされた。イヌもずっと飼っていた

そんなにいい男でもないのにと思うんですが、若い頃は、モテまくってました。作曲家って、本当にモテますからね。

ただ、私がある意味、ラッキーだったのは、美空ひばりさんがそういう勘がよかったことです。私と違って、すごい焼きもち焼きだからかもしれません。

うちへ遊びに来たときに、神津さんのピアノの上に新しい譜面が一枚あるとすると、「これ誰に作ったの?」ってまず聞く。それで、たとえば「ああ、これ、〇〇〇〇子に歌ってもらおうと思っているんだ」なんて神津さんが答えると、ピンとくるみたいで、「この曲、私にちょうだい」と譜面をぱっと取って、持って帰っちゃう。

「ちょっと神津君、ここに来てちょうだい。あんた、〇〇といま、すごく親しいんですって。それは困るじゃないの」

神津さんにこう言っているのも聞いたことがありますし、相手の歌手の方にも直接、言っていたみたいなんです。

「あんたね、神津善行といま、噂になってるそうね。私、メイコと親友だから、それは、ちょっと困るのよ。美空ひばりは許せないの」

そんな怖いこと、天下の美空ひばりに言われたら……かわいそうですよ。

神津さんも、かわいそう。詳しいことは知りませんが、それでダメになったことも多いと思います。ひばりさんは私のことを思ってやってくれていたんですけど、なんだか相手がかわいそうになってしまいました。

ひばりさんとは何でも言い合える仲でした。親しくなって知りましたが、本当に素顔は、とてもかわいらしい人だったんです……――メイコ

ひばりさんはよく、うちに泊まりにきていました。

寝床を私が真ん中で両脇に神津さん、ひばりさんで用意すると、「私は真ん中よ」って言い張るんです。「えっ、なんで真ん中?」と聞くと、「ひばりは常にセンターです」と。ごもっともなんですけれど、若い頃でしたから、神津さんビックリしちゃってました。

それで、朝、娘たちが寝床にきて、真ん中に寝ているのは私だと思って……ひばりさんも私も小柄で体型は同じくらいですからね。「ママ、もう起きて」と声をかけたん

ですが、ひばりさんは「向こう！」と。娘たちはまさか、ひばりさんがいるとは思っていないから、その声を聞いて、すごく驚いていました。

ひばりさんとは何でも言い合える仲でした。こんな相談を受けたこともあります。

「私、本当にしゃべるのが下手でさ。歌以外、私に何かできるものあるかな？」

思わず、「天気予報」と言ったんです。

ひばりさんはきょとんとして「なんで？」と。

「美空ひばりの天気予報は面白いよ。普通は『東京は午前中、晴れ。午後いっぱいも高気圧に覆われるため晴れますが、夜は上空の気圧の谷の影響により、しだいに曇るでしょう』とかだけど、あなただったら、わかりやすくてあっさりして、たぶん……」

と、本人の目の前であの独特の口調を真似て……。

「『東京、晴れ。大阪、雨。九州、……（「何て読むの？」「『くもり』です」）ああ、くもり』とか。かわいいでしょ？　それやったら、絶対いいよ」

もちろん、ひばりさんの天気予報は実現しませんでしたが、いまでもテレビで天気予報が流れると、音を消して、ひばりさんならこう言っただろうと、アテレコをして遊んでいるんです。

役に立ったアドバイスもしているんですよ。労音（全国勤労者音楽協議会）のワンマンショーがあって、そのときに何を話したらいいのか相談されたんです。

「何を話したらいいのかわからないよ。メイコ。どういうことしゃべればいい？」

「どういうことって……。だから、あんたが昨日なら、昨日したことを、こういうことしましたって言えばいいのよ」

心配だったので、初日を見に行ったら……。

「えーと、私は、昨日ですね、デパートに行きました」

その一言で、うわーって客席が盛り上がっていたんです。それだけでお客さんの気持ちをつかんで、高揚させて、驚かせてしまう。そんな人、他にいませんよね。

ですから、その後、「あんたは何を言ってもいいのよ。ありのままを伝えるだけで、お客さんは喜んでくれるんだから」と言ったんです。そうしたら……。

「でも、ちょっと言えないこともあるのよ」

それはそうですよね。本当に、ひばりさんはかわいらしい人でしたね。

そういうふうに友人付き合いをしていましたが、世間からは別格扱いでした。

毎年、大晦日には家族でひばりさんの家に行って、『ＮＨＫ紅白歌合戦』を観ていたんです。ひばりさんも一緒に観ていて、出番の三番手ぐらい前になると、支度を始める。そして、「じゃ、ママは行ってくるわ」とトリに間に合うように出かけていきました。

私が『NHK紅白歌合戦』の司会を務めていた頃[*38]は、それほど親しくはしていなかったんですが、他の方が歌っているとき、本番中にひばりさんから呼ばれたから、何かと思っていたら、「一緒に帰ろう」と。

テレビにもその様子が映っていたみたいで、後から「ひばりさんに何かクレームをつけられたんですか？」とファンの方に心配されました。

豪華客船で世界一周旅行をするという ひばりさんとの約束は、見果てぬ夢に終わってしまったんですね――古舘

ひばりさんとの初対面は、私が十七歳、ひばりさんが十五歳、たぶん、「月刊平凡」の対談です。そのとき、思いきり、正直に気持ちをぶつけてくださいと記者の方に言われたから、こう言ってみたんです。

＊38　1959年の第10回から1961年の第12回まで３年連続、紅組司会を務めた。その後も1977年の第28回紅組応援団長など、ゲストとして多数出演。第10回は美空ひばりが大トリ。ひばりは特別出演も含めて18回出場、うち13回が大トリだった

「私たち、そろそろハイティーンなんだから、ボーイフレンドぐらい、いてもいいのにね。一緒に銀座を歩いてみたい」

そうしたら……。

「私はそう思わないわ。私たちは夢を売る商売ですから、ファンの方が嫌だと思うことは我慢すべきだと思う」

この時はいい子ぶって気持ちの悪いヤツだと思ったんですが、本当にファンのことを第一に考えているひとでした。

天才歌手として育てられて、周りからもそういう扱いをされていた。だから、特殊なものとして見られているという、私と似ているところもあったので、その気持ちはとてもよくわかりました。やっぱり特殊環境で育った者同士の、説明しなくても、どこかわかり合えるものがあったんだと思います。二人は、それぞれ「孔雀の檻に入れられた人間」だったのかも。

他人の目を過剰に意識してしまう。だから私たち、銭湯はおろか、温泉も一度も入ったことがないんです。他人が見ていると思うと、お風呂に入ることもできない。

いつも他人にジロジロ見られて、サインをせがまれたり、ワーワーいつも人に囲まれてきた者同士の、やっと勝ち得た二人だけの時間、価値観の共有がありました。

洋服や男性の趣味も、違い過ぎるぐらい違ったから、逆によかったんだと思います。あんなに早く亡くなってしまったんですが、「年を取って、お仕事を引退したら、一緒に豪華客船で世界一周[*39]しようね」って、約束をしていたんです。それで、「でも、豪華客船は毎日、ディナーでドレスアップしなくちゃならないから、たいへんね」と言ったら、ひばりさんはこう言っていたんです。

「いいよ。メイコとは寸法が同じだから、新宿コマ劇場[*40]とかの公演のドレスいっぱいあるから、それを持っていくわ」

そんな派手なドレス、着られませんよね。

ひばりさんと初めて一緒に飲んだ日、わけがわかんなくなって、彼女の家に泊まったんです。それで、朝起きたら、寝間着に着替えさせてもらっていて、シングルベッドで二人で並んで寝ていたの。枕元には手紙が置いてあったんです。

「ゆうべはいっぱい、いっぱいお酒を飲んで、私は青くなり、あなたは赤くなって、二人混ざって私の好きな紫になったのね」

このことを吉行淳之介さんに話したら、すごく気に入って。「これは、メイコ、怪し

＊39　現在、メイコは紀行番組『世界の船旅』（BS朝日／土曜９時30分〜９時55分）にナレーターとしてレギュラー出演している

いぞ」「『二人混ざって私の好きな紫になった』？　この意味は、な……」と。

ひばりさん、チエミちゃん、いづみちゃん。三人娘として華々しく活躍していました。ただ、やっぱり、ライバル意識を持っていたみたいで、あるとき、ひばりさんとこんなやりとりがあったんです。

「チーちゃんの歌って、あなたと違って、なんだかお客さんにわかりやすく説明しているみたいな感じがしていいよね」

「メイコ。それ、どういうこと？　どういうことなの？」

チエミちゃんは声量があるから、語りかけるように歌います。それで、彼女の個性的な歌い方、ひばりさんとの違いもおもしろくて、素敵だなと思っただけなんですが、「あなたと違って」が気に障ったみたいで、気色ばんでしまった。

だから、きちんと説明しようと声色も真似てみて……。

「『♪きりぃ～のロンドンブリッジにぃ～』というように、『わかりますね？　霧のロンドンブリッジですよ』みたいに歌うのがいいと思うの」

そうしたら、ひばりさん、キャッキャッと笑っていました。

チエミちゃんは、昭和五十七（一九八二）年二月に亡くなってしまいました。亡く

＊40　美空ひばりは1964年にコマ劇場へ初登場、1986年まで座長公演も含めて毎年、公演。1973年から1977年は落選した紅白歌合戦に対抗して、大晦日にコマ劇場でワンマンショーを開催した

なる前日、偶然、六本木の福鮨で会っているんです。

ベロンベロンに酔っていたから、「チーちゃん、飲み過ぎよ。早く帰んなさいね」と声をかけたんですが、その日、家に戻って、食べたものを戻して、気管につまらせてしまったんです。

信頼していた異父姉に騙されて、詐欺に遭うばかりか、誹謗中傷されたことが高倉《たかくら》健《けん》さんとの離婚にもつながったり……あの夜のことを含めて、どうすることもできなかったんでしょうが、やっぱり、やるせない。四十五歳のあまりにも早すぎる死。葬式の日はひばりさん、いづみちゃんと号泣しました。

ひばりさんとのお酒は、ただただ楽しかった。
だけど、ひばりさんには
「悲しい酒」があったと思うと……
——メイコ

ひばりさんとそこまで親しくなったきっかけは、昭和三十九（一九六四）年頃、突然、お母さんの喜美枝《きみえ》さん*41が訪ねてこられたこと。それまであまりご縁がなかったんですけれど、ひばりさんが小林旭《こばやしあきら》さんと離婚された頃です。といっても、お二人は喜美枝さんの反対もあって、入籍されなかったそうなんですけどね。

小林旭さんが記者会見で「ボクと結婚しているよりも、芸術と結婚したほうが幸せになれるのならと思って、理解離婚に踏み切った」と言って、〝理解離婚〟という言葉が流行語になったんですけれど、そんなことをご存じの方も少なくなっているんでしょうね。それはともかく、突然の来訪には心底びっくりしたんですが、喜美枝さんはこうおっしゃったんです。

「折り入ってお願いがあるの。神津君とメイコちゃんはお互い仕事を持って、仕事を頑張っているけど、お子さんも二人いて、普通の家庭生活を営んでる。それで、離婚させてしまったうちのお嬢に、普通の家庭生活というものを見せてあげたいのよ。だから、仕事のない日に、ときどきこちらへ寄越すから、見せてやってね」

ひばりさんは特別過ぎますからね。私のほうが三歳年上ですが、お互い子供の頃から芸能界で仕事をしているので、似ているところもあって、私たち本当に何も知らないんです。ひばりさんは私以上に何もわかってなくて、カンナにも、はづきにも、「これ、どういうこと?」といろいろ聞いていましたからね。

＊41　最大の理解者、マネージャーとしてひばりを支えた。ただ、「一卵性母娘」と言われるほど公私に口を出し、ひばりと小林旭の結婚に一貫して反対。二人を離別させることになる

それで、喜美枝さんは私に白羽の矢を立てたのかもしれません。それまで私も女友達にそれほど親しい人がいなかったんですが、馬が合ったというか、飲み友達として、深いお付き合いを重ねていったんです。

でも、その二人とも大好きだったお酒がひばりさんの体を蝕《むしば》んでいってしまったんです。

昭和六十二（一九八七）年四月に重度の慢性肝炎と両側大腿骨骨頭壊死で全国ツアー中の福岡で緊急入院。お見舞いに行ったら、ひばりさんはこんなことを言っていました。

「ずいぶんお酒を飲んだわ。メイコの倍は飲んだかもしれない。メイコが帰ってから一人でまた飲んでいたしね。メイコには、飲みすぎると止める人がいる。私はママが死んでから、止めてくれる人がいなくなっちゃった。止めてくれる人がいるのは、幸せなことだと思うわ」

いろいろ我慢をするから、お酒を飲みたくなっていたんでしょうね。私の場合もそういうところがありましたが、彼女ほどではありません。ゲイバー*42などで、ずっと楽しくお酒を飲んでいたんですが、私は子供たちの朝食、お弁当づくりのために、朝方

＊42　ときにはひと晩でブランデーを一人１本空けることもあったという。二人がゲイバーを好んだのは店の人間の口が堅かったためとされる。また、「一流の芸者さんも情報を絶対に漏らさないので、一緒に芸者さんをあげて遊ぶのも好きでした」とメイコ

になると、家に帰っていました。

ひばりさんには「悲しい酒」もあったのかと思うと、暗澹《あんたん》たる気持ちになりました。

昭和五十六（一九八一）年七月にお母さんの喜美枝さんが亡くなり、翌年二月にチエミちゃんが亡くなった。その一年後に弟のかとう哲也《てつや》さん、さらにその三年後には弟の香山武彦《かやまたけひこ》さんが亡くなりました。*43 つらくて、つらくて、深酒をしすぎてしまったんでしょうけど……。

ひばりさんは亡くなる二年前、こんなことを言っていたんです。

「私、五十歳まで歌えるかしら？」

ひばりさんにとっては、やはり歌うことが生きることだったんだと思います。

亡くなる前、夜中に自宅から電話がありました。夜中の電話はしょっちゅうだったんですが、そのときは地の底から絞り出すような暗い声でした。

「私ね、いま念のためにだよ、メイコ。蒲団をかぶって、『リンゴ追分』をそっと歌ってみたら……この美空ひばりがだよ。ワンコーラス、苦しくて歌えないんだよ。だから、もう一回入院することにした」

その声を聞いたとたん、やりきれない気持ちになり、何と言っていいのかわからな

＊43　かとう哲也、香山武彦は俳優、歌手として活動。哲也は1973年に暴行容疑で逮捕され、山口組との深い関係がスキャンダラスに報じられた。そのことで美空ひばりはバッシングを受け、1957年から16年間、連続出場していた『紅白歌合戦』も落選

くなってしまいました。

怖かったんだと思います。歌ってみたら、それまで考えられないくらいブレスを多くしなくてはいけなくなっていて……。いまでも、あの声を思い出すたびに、胸がつぶれる思いがします。

それが結局、長くしゃべった最後になってしまいました。

天才中の天才は三島由紀夫さんにしても、早世《そうせい》されてしまうところがあるのかもしれません。そう考えないと、やりきれません。

ひばりさんの告別式[*44]、弔辞を読みました。

「寂しくないでしょう、そっちの国は。にぎやかでしょう。あなたほど、そちらのお国に行ってから幸せな人はいないわ。おかあさんが、弟さんたちが、そして久しぶりに、歌が上手だったお父さんにも会えますね。それに、あなたの口ぐせだったけしきのいい男たちもいっぱいよ。鶴田さんも、橋蔵さんも、裕ちゃんも。そちらのパーティは楽しそうですね。『メイコ、おまえの席はここ』って、いつものようにあの笑顔で待っていてください。あなたと会える、そう思うと、私はもう死ぬことは怖くありません。あなたは、そんなプレゼントまで私に残してくれました。私はもう、友だちは

＊44　1989年７月22日に青山葬儀所で行われた告別式には、当時、過去最多の約４万2000人の弔問客が訪れた。弔辞を読んだのはメイコ、森繁久彌、北島三郎

持たないでしょう。あなたが最高だったから。待っててね」

昭和芸能史の金字塔ひばりさんとの思い出の一端を語っていただきました。日本文学の巨匠三島由紀夫さんとの忘れ得ぬエピソードを――古舘

そういえば、ひばりさんに三島さんをご紹介したことがあります。

ひばりさんは公演の千秋楽の後、自宅に出演者や裏方さんたちを呼んで、打ち上げをしていたんです。あるとき、私も呼ばれていたんですが、間際まで銀座で飲んでいたら、三島さんがたまたま店にやってきて、「美空ひばりを見たいから連れてってくれよ」と。それで、お連れしたんです。

ひばりさんが一人ずつ「あぁ、いらっしゃい」と挨拶に回ってきて、一番下座に座っていた三島さんに声をかけると、三島さんは「小説を書いております三島由紀夫と申します。よろしくどうぞ」と。そうしたら、ひばりさんは私にこう聞いてきたんです。

「小説を書いてんの？　あ、そう。メイコ、川口《かわぐち》（松太郎《まつたろう》）[＊45]のパパとどっちが上？」

私、どう言っていいのかわからず、二の句も継げなかったんですが……。すかさず、三島さんは、「もちろん、川口先生は大先輩でございます」と。

まあ、ひばりさんのことを言えないほど、私ももの知らずですけれどね。一年が三六五日ということも、この間、初めて知ったんです。びっくりしちゃった。

私、明治座などで一か月公演があると、毎日、楽屋でひばりさんの歌や都々逸《どどいつ》などのカセットを聞いているんです。それで、都々逸で「♪一年は〜三百〜六十〜五に〜ちあ〜る」と歌っているので驚いて、家に帰ってから神津さんに言ったんです。

「お父さん。一年って、三六五日なんですか？」

神津さんは呆れ顔になって……。

「はっ？　あんた、今ごろ、どうして、そんなことを知ったの？」

ですから、ひばりさんの都々逸をまねして歌ったんです。

「歌わなくていいよ。都々逸で初めて知ったわけか……。ふーん、俺はおもしろい人と長年、一緒に暮らしてるんだな」

ちょっと手前味噌になるんですが、娘のカンナ[＊46]は小さい頃から詩を書いていたんで

＊45　1899年生まれ、1985年没。小説家・劇作家。1935年に『風流深川唄』『鶴八鶴次郎』『明治一代女』で第１回直木賞受賞。『愛染かつら』『新篇丹下左膳』『新吾十番勝負』などで人気を博する。大衆文学の先駆者

す。それで、三歳から七歳までの彼女のことばをまとめて、私がコメントした詩集『母と娘の詩集＊カンナとメイコ』（サンリオ山梨シルクセンター出版部）を出版したんです。結構、話題になって、ある雑誌でカンナは各界の著名人と対談する連載も受け持つようになりました。

佐藤栄作《さとうえいさく》さん、小松左京《こまつさきょう》さん、司葉子《つかさようこ》さん、勝新太郎《かつしんたろう》さん、秦野章《はたのあきら》さん……。三島さんにも登場していただいたんですが、三島さんは詩集を読んで、一通り、感想を述べられてから、改めて「ふんすい」という詩のページを開いて、凛とした声で朗読を始めたんです。

「ふんすいさん／せっかく／たかいところまで／とび上がったんだからさぁ／もうちょっと／とまってらっしゃいよ／ほら／そこで／その／空の青いところで／私が／神さまだったら／空から／つりかわ／ぶらさげてあげるんだけどナ……／ねぇ／ふんすいさん」

三島さんは朗読すると、涙ぐんで、そして、こうおっしゃっていました。

「誰でも皆んなふんすいと同じで、一度上がったら、必ず落ちなくてはいけないんだ。ああ、もう少しこの状態にいたいなぁと思っても、やはり人間というのは、必ず下に

＊46　メイコの長女、神津カンナ。エッセイスト、コメンテーター。昭和33（1958）年10月23日生まれ。東洋英和女学院高等部卒業後、ニューヨークへ留学。帰国後、『親離れするとき読む本』を発表。現在、表記は本名「神津十月」としている

落ちていくものだ。誰でも、きっときみのお母さんも、きみも、いつかそう思うときがくるだろうし、誰だって皆んな、つり革をほしがっている。だけど神様というのは、絶対につり革をぶら下げてはくれないんだよ。誰もが皆んな、自分で上まで行って、こんなにいい景色だ、素晴らしいなと思っても、すぐにまた下に落ちてしまう。もう一回行きたかったら、またいちばん下から上がっていかなくてはいけないんだよ」

このときの言葉は私はもちろん、カンナにもすごく響いて、いまも彼女の心の糧になっているようです。対談は三島さんが自決《じけつ》を遂《と》げる三か月前、銀座の煉瓦亭《れんがてい》でした。

それに、カンナにこんなことも言っていたんです。

「おじさん、もうすぐ死ぬけどね」

三島さんとは、作詞家、後の直木賞作家になった山口洋子《やまぐちようこ》さん経営の「姫」とか、銀座のバーやクラブで、しょっちゅう出くわしていました。

亡くなる三日前にも、「姫」でお会いして、てっきり遺作の「豊饒の海」を書き上げていたんだと思い込んで、雑誌の連載に書いたんです。

そうしたら、吉行さんから電話があったんです。

「あれは違う。『豊饒の海』の最終回原稿は連載していた『新潮』の編集者に当日の朝、渡している。そして、最終稿を仕上げたのは当日の朝とされているからね」

吉行さんは、神津さんと同じ麻布学園出身。二人ともすごく細かいのは、校風かもしれないって思います。夫婦間でも、嘘はもちろん、細かいことでも間違えると、全否定されてしまう。「ねえ、お父さん、こうだったのよ」「それは全然、違うだろう」という感じになるんです。

中村メイコは作家の父がこの世に残した〝作品〟だった！

メイコさんのお父様、中村正常さんの作品を読ませていただいたんですが、一世紀近く経ったいまも、才能のきらめきが感じられました。しかし、メイコさんが生まれてから一か月後、作家、中村正常は絶筆宣言をする。菊池寛をはじめ何人、何十人もの作家仲間はその才能を惜しみ、復筆を促し続けていたのですが、断筆をとくことはなかった。復筆することはなかったんです。戦前にはきびしい出版検閲制度がありましたが、発禁処分を受けたわけではない。抗議や反省のための断筆ではなく、その理由は謎のベールに包まれていました。

ところが、メイコさんと話していて、その謎の一端が解ったような気がしてきた。

メイコさんは作家、中村正常の〝作品〟だったのではないか。

幼い頃から、メイコさんは正常さんにこう言われて、育ったといいます。

「お父さんは好きなタバコも酒もやめて、体調管理をしていた。女の子は私のように顎《あご》が小さいと困りますので、しっかりとした顎の子になるように顎がしっかりしたお母さんを選んだ。それで、お母さんを叱咤激励《しったげきれい》して、あなたは産まれたんですぞ」

妻のチエコさんが働くことで一家を支えてもらい、正常さんは子育てに専念した。作家が作品をつくるように、理想の子供をつくるため、育てるための〝構想〟を立てた。学校教育などに頼らず、自分で知識、知恵を教え込んでいったんです。

それは打算ではありません。正常さんとチエコさんはものすごい愛情を注ぎながら、一粒種として育ててきた。そのことは英才教育のモデルケースだと思います。その一方、そのことがメイコさんの宿命をつくったのではないかという気もするんです。正常さんの奥深い教育、愛情で育てられたメイコさんは、思春期に親に反抗することなく成長していった。

メイコさんは、自分には他人に比べ、欠けている部分が多いとよくおっしゃるんですが、それは何かと考えた。それは人間の〝業〟。業深くなければ、作家になれない。大人になりかけた頃、そのことに気がついた。それで、ひょんなことから、自己破壊衝動がふつふつと湧いて、茅ヶ崎の海で命を絶とうとしたのではないか。人間だから業はある。でも深くないから、そよ風のように生きてこられた。しかし、そんな蹉跌《さてつ》、宿痾《しゅくあ》を生み出すことにもなった。

メイコさんの多才、多芸さは自分のなかにたくさんの部屋を持っているからだと思う。そこに何人もの芸人が住んでいる。それは正常さんの作品なのだからでしょうが、どんな作品も完璧ではありません。ちょっとした瑕疵《かし》はある。たくさんの部屋のなか、業や世間の一般常識の部屋はガランとしている。そこがメイコさんの魅力につながっているのが、パラドックスなんですが……。

第四章

〝夫婦別墓〟

神津ファミリーの真相

メイコさんて、みなさんが知っていることも知らないんですか。新婚初夜の翌朝、ご主人に向かって口を開いた一言を——古舘

私のことをカンナは「うちの母は無知と多識」と書いています。ものを知らない「無知」なんだけれど、知識は豊富にある「多識」。褒めてくれているんだか、けなしているんだか、よくわからないんですけど。

そういえば、長女のカンナができたかなぁというとき、お医者様へ行ったら、「排卵日というのを、ご存知ですよね?」と言われたんです。

「ハイランビ」と言われてもピンとこなくて……というか、〝排卵日〟って知らなかったので、私、てっきり〝入らん日〟かと思って、そういう日があるのかなあと。「開けゴマ!」みたいな呪文を言わないとダメな日があるのかなんて思っていたんです。

「えーと、それは、どういうふうになるわけですか? 痛いとかくっついちゃうとか、そういうことですか?」

先生はまさに鳩が豆鉄砲を食ったようなというか、呆れ顔になっていました。

「お里のお母様にお会いして、ちょっとお話ししてみます」

そんな言葉を知らなくても、生きていけるんですけれどね。

茅ヶ崎に住んでいた子供の頃、夏はよく海で泳いでいましたが、こんなことがあったんです。

「パパ、クラゲに刺されちゃった、一日中泳いでたら……」

父にこう言ったら、ちらっと困った顔をして母を呼んで、ひそひそ声で言うんです。

「胸が膨らんできたんだ。メイコはそれがわからんのだ。君から教えてやりなさい」

そう言われても、母も困って……。結局、父はこう言ったんですよ。

「メイコは大人になり、胸が膨らんできている。したがって、刺されやすいのですぞ」

父からも、母からも、きちんとした性教育はありませんでしたから、ほとんど何も知らないで、大人になってしまったところがあります。

バースコントロールのことも、私、何もわからなくて、神津さんはたいへんだったと思います。今考えると、全部、自分で責任を負わなきゃならないわけですもんね。だから、もしかしたら、私とは一生、燃えてないんじゃないかもって思ってしまう。

新婚旅行の〝初夜〟からヘンでした。母からはこう言いつけられていたんです。

「初夜が明けたら、あなたのほうが五分でもいいから早く起きて、枕元にきちっと座って、三つ指をついて、ご挨拶なさいね」

そんな時代でした。

新婚旅行の初日は箱根・宮ノ下の富士屋ホテルでしたから、洋室でベッド。ですから、正座するわけにもいかないので、神津さんの枕元に椅子を持ってきて、起きるのを座って待っていたんです。

それで、何てご挨拶をすればいいのかとずっと考えていて、私たちの仕事の世界で何ごとかが終わったときの挨拶というのは、「お疲れさま」。ですから、「夕べはお疲れさまでした」って言ったんです。そうしたら、神津さんが困った顔をして……。

「まあ、それでもいいけど、人に言うなよ。新婚初夜の翌《あく》る朝、お疲れさまでしたって言ったって、絶対、他人に言っちゃダメだぞ。それに、俺、あんまり疲れてないから大丈夫だよ」

神津さんにはそう言われましたが、どうして他人に言っちゃいけないのか、正直、よくわからなかったんですけれどね。

箱根の富士屋ホテルに一泊して、次の日から北海道へ新婚旅行。外国へ行きたかったんですけれど、海外渡航の自由化は昭和三十九（一九六四）年四月で、私たちが結婚した昭和三十二（一九五七）年にはまだ自由に海外旅行に出かけることができなかったので諦めたんです。

それで、一番本州から遠い北海道にしたんです。まだ、プロペラ機の時代だったんですが、飛行機のお客さんの半分以上が私たちを取材する雑誌や新聞の記者でした。

ダメ夫を支え続けた母のようには生きられません。それに、神津さんを縛りたいとも思ったことはないんです――メイコ

私が生まれ育った頃は、うちの母だけではなくて、ダメ夫を支えて、雄々しく働いている女の方が多かったんです。宇野千代《うのちよ》さんにしてもそういうところがありましたが、うちの母もやっぱり、父に心から惚れていた。旦那に本気で惚れていて、尽くしていた。

いまは違いますよね。私だって、神津さんが無収入で働かなかったらイヤだと思っ

てしまう。母の世代とは違うんです。でも、神津さんを縛りたいとも思いません。

前にも書きましたが、あんな顔をしていて、神津さん、モテるんです。いい男だから私も結婚したんですから、一人や二人、三人と浮気をしてもおかしくない。もういまはご無理でしょうけど、私はどうやら気の多い男が好きらしいんです。初恋の人、吉行淳之介さんもそうですけれど、女の人から見て、「素敵！　あの人と一回ぐらい何かありたいわ」と周りから思われる男性が好きみたいなんです。

神津さんがよろしくやっていたのは、知っています。私、一人で飲み歩いていたから、よく銀座のバーで女性といっしょにいるところにかち合いました。ガールフレンドと楽しそうに飲んでいたんですが、こっちのほうがドキドキしちゃって、なるべく目立たないようにしていました。

嫉妬するというより、私、モテている男性が好きなんです。それで、ドキドキして、神津さんにときめいていたところがありました。

ただ、神津さんのやり方は完全犯罪っていうか、それ以上は絶対、尻尾をつかませない。ちらっとでも気配を見かけたら、やっぱり私でも、嫌だなと思って、夫婦喧嘩くらいにはなったでしょうけど、神津さんはあるところから、まったくの秘密主義。作曲にしても、きちんと曲としてできあがってから「こんな曲だよ」と聴かせてくれる。私生活もプロセスを見せてくれない。

ですから、ある意味、ラクなんです。浮気をしていても、気配を見せないので、気にしないで済んできた。普通の女性はちょっとでも怪しいと思ったら、嫉妬するみたいですけれど、私にはそういう〝女の業〟みたいなものはないみたいです。

若い頃はずいぶん夫婦喧嘩もしました。神津さんも、私と結婚して「こりゃ、困ったな」と思っていた時期もあると思います——メイコ

私、基本的に、楽天家なんです。

母譲りなのかもしれません。父親としてはいいお父さんだったんですが、母は働かないダメ夫を支えて、何ごとにもめげず、貧乏とも戦って……夫を愛し続けていた。

もしかしたら、母が父と別れなかったから、私も神津さんと別れられない。そういうところ、母のＤＮＡを引き継いでいるのかもしれません。

それに、いま、気がついたけれど、結婚とはそういうものだと刷り込まれて、思い込んでいるところがあります。神津さんとは、揉めるのはしょっちゅうでしたし、若い頃はずいぶん夫婦喧嘩もしました。

でも、別れようとは思わなかった。神津さんにしても、「こりゃ、困ったな」と思っていた時期があったと思います。私、普通ではないですし、ずいぶん、考え方も違いますからね。そのことは、自覚しています。*47

たとえば、選挙で投票に行くのは、私、あんまり好きではありません。そういうことを言うと、神津さんは「国民の義務、都民の義務だ!」って怒るんです。いけないことかもしれないけど、「じゃ、誰に入れればいい?」って聞くと、「この人にしろよ」と神津さんは言うんです。「字が難しくない?」って続けると、「投票所にちゃんと名前が書いてあるんだ。それを見て、そのとおり書けばいい」と面倒くさそうに答える。それで、やっと渋々、投票に行くという。

結婚したての頃、麹町のマンションで暮らしていたんですが、向こうが作曲していて、私は鼻唄を歌いながらお料理をしていたんです。

神津さんが好きなクラシックとかジャズは家事には合わないので、田端義夫《たばたよしお》さんの

＊47　メイコは神津善行と一緒に暮らすことが嫌になってしまった時期があった。そのとき、植木等に相談したところ……「メイコちゃん。それはね、もういっぺん好きになってみることだよ」。この言葉が支えになり、結婚生活を続けられたという

「大利根月夜《おおとねづきよ》」を歌っていました。

「♪あれを〜御覧と〜指差〜す〜か〜た〜に」と気分よく歌っていると、神津さんが後ろからポンポンって肩を叩いて……。

「ごめん、俺、今、作曲中なんだ。だから、『大利根月夜』みたいな演歌を鼻唄で歌うのだけはやめてくれないかな?」

せっかく、気分よく歌ってたのにって思いましたが、作曲家の妻として、素直に従いました。

結婚して、神津さんに言われたのは、人前で歌を歌わないでくれということ。歌の上手くない妻が歌手活動をするのは、作曲家として恥ずかしいってことだったみたい。そんなに歌手にはこだわりがなかったので、承知いたしましたが、結局、いろいろな方から頼まれて、断れなくて、レコードを出したり、歌を歌うことはやめられなかった。神津さんはイヤだったでしょうね。

万事が万事、そういう感じですから、私よりも、向こうはずいぶん困った六〇年だったと思います。

神津さんと結婚して六〇年でも、寝ている時以外は終始、中村メイコだとすると、家庭内も一つのお芝居になるのでは？——古舘

結婚したとき、神津さんを一日一回は、笑わせようと決めました。

でも、最近、「この人、面白い」と思って真似しても、神津さんは最近の方を知らないから、これ誰の真似だって言っても全然、ウケないんです。やっぱり、神津さんを楽しませたいっていうことが、私がものまねをする大きなモチベーションになっていましたからね。反応がないと、もうつまんないんですよ。

お爺ちゃんになっちゃって、世間のできごとにあまり関心を持たなくなっちゃったのも哀しいですけれど、もともと、つまらない男なんです。

ほうっておけばニコリともしないから、「何か黙ってないでしゃべってよ」って言うと、これが長くて、理屈っぽくて……平家と源氏の争い、源平合戦なんて、私、何の興味もないんだけど、ずっと話をしている。「保元《ほうげん》・平治《へいじ》の乱で源義経が……」なんて言われても、まったく興味が湧かない。そうかと思うと、突然、ナチスの話になった

り、とにかく、むずかしい。

でも、せっかくしゃべりだしたんだから、聞いてないと悪いですからね。これ長そうだと思ったら、「面白そう。しゃべってて。ちょっと聞きながら、洗い物をしちゃう」と言ってキッチンへ。

家族で住んでいた前の家と違って、いまのマンションはコンパクトだから、「聞こえるからいいわよね」とか言いながら、今度は頭の毛、何色にしようかなとか、明日は何着て出かけようかとか考えて、上の空。ときどき返事をしないとバレちゃうから、小さい声で、「ウソー」とか言う。すると、「ウソじゃないぞ！」と言われる。

しばらくして、「ウソ！」ばかりだと聞いていないことがバレちゃうから、「本当！」とか相づちを打つようにしてますが、全然、聞いていないんです。

男の人の話って理屈っぽいから、あまり面白くない。私、お家の中のことを片付けたり、整理するのは好きなんですけど、神津さんの口癖の「いいか、いっぺん話を整理しよう」という〝整理〟はあんまり好きじゃない。そう言われると、話がつまらなくなっちゃうんですよ。

長年、女優の仕事をしながら、普通の主婦として、食事づくりや掃除、洗濯などの家事をこなしてきました。ただ、それまでは、大家族で暮らしていたから、大雑把にならざるをえないんですけど、アラが目立たなかったんです。ところがいまは夫婦二人の生活だから、夫がだんだん姑化してきてしまったんです。「ここが汚い」やら「掃除のやり方がおかしい」とか、しょっちゅう言っているんです。

前は広い家で自分の周りしか気にならなかったのに、いまは家中が気になるみたい。そういうことが、癪に障るというか、ストレスになっています。

たとえば、テーブルを拭《ふ》いていて、途中でやりかけたことを思い出して、台ふきんを置いたままにすることがあります。そういうのを見ると、神津さんは自分でやっちゃうんですよ。食器洗いでも洗濯でも同じです。

男の人は手の込んだ料理をつくるとよく言われますが、家事とは少し違うんでしょうね。神津さんは料理は文句を言うだけで、何もできないんですが、台拭きにしても、食器洗いにしても、洗濯にしても、私よりも三倍ぐらいていねいに、きれいにこなしていくんですよ。

最近の方は旦那さまが家事をやってくれるのは嬉しいのかもしれませんが、私は昔気質《かたぎ》なところがあって、たとえば、神津さんが洗濯ものをベランダに干している姿を見るのは、すごくイヤです。

ただ、「あなた、そんなことなさらないで。私が後でやりますから」と言うと、すごく普通の会話になっちゃいます。そこで、これをどうやってコメディにするかなぁ、難しいぞ、こりゃと思って、「やめてぇ〜」とかって言うんですけど……それもあんまり冴えないし、ウケないし、神津さんに伝わっていない。

普通の会話にすれば、伝わるかもしれませんが、それではおもしろくない。私、本音ではなく、演技をして暮らすことが習《なら》い性《せい》になっているのかもしれません。

そういえば、子供たちと暮らしているとき、三人の子供全員にこんなことを言われていました。

「ママが叱っても、ちっとも怖くなかった」

とっても、悔しかった。でも、どこか演技して怒っていたんです。娘たちは、今日はこのパターンでくるのかとか、楽しんでいたみたいですが、それって演技が下手だということになりますからね。

六〇年以上もいっしょに暮らしているんだから、演技はやめにして、一般的な会話をしてもいいのかもしれません。そのほうが生き方として素直ですからね。

「お上手ね。終わったら、おトイレ掃除もお願い」とか、うまく旦那様を操縦できればいいんですが……。いまさら、スタイルを変えるのはむずかしい……。神津さん、怒りだすかもしれませんしね。

六〇年間、家族のために生きてきたつもりでしたけれど……振り返ってみると、いろんな迷惑をかけてきたようです ―― メイコ

神津さんとしょっちゅう夫婦喧嘩をしていました。

そういうときはたいてい酔っぱらっているんですが、ネグリジェ姿で家を飛び出して、渋谷の並木橋のたもとで泣いていたら、山手線の線路に飛び降りようとしていると勘違いされて、お巡りさんに保護されたこともありました。お巡りさんに羽交い締めにされて家に連れ帰られたんですが、「もう離して！　やめて！」とか喚《わめ》いていたそうです。

家に着いたら……「なんだ、ここはメイコさん家《ち》じゃないか。メイコさん家に迷惑

をかけちゃダメだよ」。お巡りさん、私だって、気がついていないんです。娘たちに「保護したんですが、どのようなご関係ですか?」と聞いている。娘たちはわけもわからず、「すみません。お客さんがいっぱいいたので、母は居づらくなって、外に出ちゃったんだと思います」と。それで、お巡りさんが私の顔をまじまじと見たから、私は「お上がりになる?」と言っていたそうです。直前まで「離して!」と叫んでいたのに、とたんにスイッチが入って演じていたんでしょうね。

七〇年代半ば頃は、成城学園に住んでいたんですが、成城学園駅前に「アナザーワールド」というディスコができたんです。家で飲んでいて酔っ払うと、必ずそのディスコに行って、踊っていました。それで、帰ってこないと、娘たちは神津さんに「迎えに行ってこい」と言われて、よく自転車で二人乗りしてやってきていました。

カンナは高校生、はづき[*48]は中学生。お店の人に「メイコさん、迎えが来ましたよ」と言われるんですが、「まだ帰らないわよ」って踊り続けていた。そのうち、お店の人が「もう帰ったほうがいいですよ」と強い口調になって、カンナの自転車の荷台にしぶしぶ座るんですが……走り始めると、お尻が痛いんです。それで、座布団を用意してもらうようになりました。はづきは自転車を追いかけて走って、女三人でのそんな

＊48　メイコの次女、神津はづき。女優。1962年8月31日生まれ。東洋英和女学院高等部卒業後、ニューヨーク大学への留学を経て、1983年に女優デビュー。エッセイスト、ラジオDJなどとしても多方面で活躍。1992年に俳優の杉本哲太と結婚、２児の母でもある

時間は楽しかった。娘たちは迷惑そうにしていましたが、いい思い出になっています。そんなに迷惑をかけていないと思っていましたが、いま思うと家族は意外とたいへんだったのかもしれません。

たとえば、小学校もろくに通っていませんから、学校のことはよくわからないんです。カンナやはづきの授業参観もわけがわからなかった。

神津さんは「仕事ではいつも『おはようございます』と挨拶するだろうけれど、学校というところは午前十一時頃からは『こんにちは』と言わなければなりません」と理屈っぽく言うんです。そして、何年何組の教室はここ、という地図を書いてくれました。

カンナが小学校の低学年の頃のことです。授業参観に行って教室の後ろで見ていると、「○○県庁の所在地は?」という、私にもわかることを聞いていました。

仕事で日本全国、いたるところへ行っていますので、わかっていますからね。でも、生徒たちは答えられない。すると、「はい!」と手を挙げてしまったりして……。先生は困った顔で「すみません。いま生徒に聞いているんです」と。カンナは「ママ、もう来ないで」と言っていました。無知多識です。

舞台の仕事から白塗り化粧のまま、直接、授業参観に行ったこともありました。白塗りでしたから、「うわっ、オバケ！　オバケがいる」って、生徒たちに言われてしまいました。丸の内の帝国劇場からは娘たちが通っていた六本木の東洋英和女学院はクルマですぐだから、お化粧を落とす暇もなく、マスクはして、自分では隠したつもりだったんですけど……。白塗りにマスクだから、子どもから見たらよけいに真っ白に見えたみたいです。

カンナとはづきが通っていた東洋英和女学院[*49]では、母親が給食の手伝いをすることもありました。子供たちといっしょに給食を食べてから後片付けを手伝うんですが、全部食べられない子供たちは居残りさせられる。

私はもともと少食で少ししか食べられなかったし、牛乳が苦手だったので、母親のなかで一人だけ食べきれなくて居残りさせられて、後片付けができなかった。涙目になって困っていたら、先生が「神津さん、もう残していいです」と助け船を出してくれました。

娘たちは神津さんに、「恥ずかしいから、ママを来ないようにさせて」と訴えていたんですが、神津さんは嬉しそうな顔をしてこんなことを言っていたそうです。

＊49　メイコの長男の善之介（よしのすけ）も東洋英和幼稚園に通った。小学校、中学校は公立に進み、武蔵工業大学附属高等学校（現・東京都市大学付属高等学校）に進学。同校卒業後は画家を志して、スペインに留学。現在も画家として、スペインに在住

「何を言っているんだ。あの人は普通のことはできないんだ。パパも我慢してるんだから、あなたたちも我慢しなさい」

一度くらいは浮気もしてみたかったんですけれど、子育てとお酒を飲むことのほうを優先させてしまいました――メイコ

私自身は幸か不幸か、浮気をする暇がありませんでした。

二十三歳で結婚して、二十四歳で長女のカンナ、二十七歳で次女のはづきを産んだ。それで、やっとこれから少し大人の女として遊べるかなと思った頃、神津さんにもう一人、子供を産んでほしいと言われて、三十八歳で善之介《よしのすけ》を産みました。

睡眠時間は子供のときから八十何年、四時間あれば全然、平気なんです。でも、四時間も眠れないときもあって、そんなときは「今日、寝るシーンある?」とスタッフの方に聞いて……そういうシーンがあると、本当に眠っていたんですけれど、「メイコちゃんの寝顔はリアルだね」と言われたりしていました。公私混同の毎日でした。も

家族と。前列左からメイコ、善之介、善行、
後列左からはづき、カンナ

ちろん、いまはそういうことはありませんが、五時間ぐらい眠りたいと思っていても、三時間半か四時間でどうしても目が覚めちゃうんです。でも、それで寝床でぐずぐずしているより、起きて、働き始めたほうが、体の調子がいい気がするんです。

三人の子供を学校に遅れないように起こして、朝ご飯を食べさせて、お弁当も作って……善之介が高校を卒業するまで、そういう生活を続けながら、テレビやラジオのレギュラーも一八本ぐらい抱えていましたから、浮気をする暇も精神的な余裕もなかったんです。

毎晩のようにお酒を飲みに行ってましたから、時間はあったのかもしれません。でも、お酒を飲むこと自体が楽しかったし、ストレス発散になっていました。

飲み過ぎて、だいたい二日酔い。子供たちに「ママ、今日の二日酔い、ひどかったでしょう」って言われることがありました。そういうときは、お弁当があっさりしているので、わかりやすいそうなんです。「ママは二日酔いかもしれないけど、私はもう一品おかずが欲しかった」って言われたりしていました。

いろんなところでお酒を飲んでいましたが、特に銀座は大好きな街です。小さい頃から両親に連れられて通っていましたが、父と母も大の銀座好き。二人とも、モダンボーイ、モダンガール、モボ、モガの元祖みたいなものでしたからね。結婚するまでは、銀座に行かないと、一日が終わらないというような気持ちだったんです。

ただ、銀座には恨みがあって……四歳の頃、銀座で映画のロケがあったんですが、銀座通りでおしっこがしたくなっちゃったんです。もう間に合わないし、お店のトイレも借りられないからと、母が柳の下でおしっこをさせていたら、それを撮られてしまったんです。それで、「銀座の柳の下で堂々おしっこするメイコちゃん」という記事が雑誌に載ってしまって、子供心にものすごく傷つきました。

銀座は庭みたいなもので、少女の頃から、結婚するまで、毎日、通っていました。神津さんとデートするときも銀座でした。

神津さんとは通りの向こう側とこちら側で歩くんです。騒がれちゃうから、いっしょに歩けない。それに、写真週刊誌はなかったけれど、もうその頃から、雑誌社に狙われていたんです。お互いに相手の姿を「いるわね」って確かめながら、通りを隔てて歩くという。

携帯電話などない時代、通りのこちらとあちらで、実際の会話ができない分、イメージはパンパンにふくらんで、ときめいたのです。

メイコさんは、惚れっぽいし、芝居ではラブシーンもある。二四時間お芝居をしている人だとすると、現実の恋愛でも演じることができたんじゃないですか――古舘

世間の裏をかいちゃおうかという気持ちもあったんですが、結婚して六〇年間以上、これが本当に嘘でも何でもなく、何もなかった。

人付き合いでは、どちらかというと、男性のほうが気がラクなんです。

基本的に、女の人とはどこか合わないところがあります。しゃべっていても、何ていうのかな……「私、こういうお洋服を今度、着たいわ」と言われても、好きなものを着ればいいいじゃないって思っちゃうから、話が続かない。ひばりさんは半分男性のような人ですから、別だったんだなとしみじみ思います。

娘たちに言わせると、私って好きな人を見つけるのが上手で、実際、けっこう誘ったり、誘われてもいるんです。

でも、シリアスな場面になると、逃げ帰っちゃう。極端な怖がりですから、一線を

越えることはできなかった。

だって、浮気をすること、肉体関係を結ぶということは、ホテルに入らなければならない。いまでもよく週刊誌や写真誌にスクープ写真が載っているけれど、顔が知られているから、誰にも気づかれずにホテルに入るのは至難の業です。

ホテルはオシャレをして、素敵な気分で入りたいですから、変装の限りを尽くして人間離れをした格好をするのも嫌だったんです。まあ、言い訳みたいなものなんですけれど、踏み込むことはできなかったんです。

昔は伊達《だて》なんですけれど、メンソールの煙草を喫っていたんですが、「もう一軒どこか行こう」と誘われて、ちょっとこれ以上はヤバいぞと思うと、戻ってくるという小道具として、喫いさしの煙草とダンヒルのライターをカウンターに置いて、化粧室や電話をしにいくふりをして、帰っちゃっていましたから、何度、バーに高価なライターを置いて出ていったか、わからないくらい。

憧れの宇津井健さんと飲みに行ったのに……ついつい飲み過ぎてしまって、大失敗をやらかしてしまったことがあります――メイコ

一時期、大好きだったのが、宇津井健《うついけん》さん＊50です。

子供たちがアニメ『エイトマン』が大好きで、いっしょに見ているうちに私も大ファンになっていました。それで、人気ドラマ『ザ・ガードマン』を見ていて、主演の宇津井さんがどこかエイトマンと似ていると思って、憧れるようになったんです。

私にしては珍しく、自分から『ザ・ガードマン』に出演したいと、あちこちで言っていたら……スタッフの耳に届いたのか、オファーがありました。

昭和四十二（一九六七）年十一月放送の第一三七話「女は一度勝負する」。私はゲスト主演で、新進気鋭の人気画家と一夜の関係を持ち、子どもができたと称して、お金を脅し取るＯＬ役。宇津井さん演じる高倉キャップに乳児院から引き取った子どもの警護をお願いしたり、共演シーンも結構、あったんですが……。

『ザ・ガードマン』は同時に何本も掛け持ちで撮影していて、撮影でご一緒したのは

＊50　1931年生まれ、2014年没。俳優座を経て、『思春の泉』で映画初出演、初主演。代表作に『ザ・ガードマン』、山口百恵と父娘役で共演した「赤いシリーズ」などのドラマ、『新幹線大爆破』、「スーパージャイアンツ」シリーズほかの映画がある

最初の顔合わせ程度だけでした。宇津井さんはアップを撮ったら、次のロケ現場に向かってしまったんです。それで、私は共演シーンでスタッフさんが棒にぶらさげた汚い軍手に向かって、「高倉キャップ、お願い……」という演技をすることに。

もともと、そういうふうに演技するのは好きなんですが、挨拶くらいで終わってしまいましたから、さすがにがっかりしました。

ただ、当時の撮影は同時録音ではなくて、アフレコ。もう一回、チャンスがありました。その日、別の仕事から一度、家に帰って、気合いを入れて、着物姿で出直しました。宇津井さんが「着物を着ている女の人が好きだ」と言っているインタビュー記事を読んでいたからです。アフレコとは無音で撮って編集した映像に声を録音していく作業ですが、結構、たいへんなんです。宇津井さんと私は登場シーンが多かったので、自然と個人的なお話しもすることができました。宇津井さんと話せたことと、一仕事を終えたことで充足感を覚えていたら、宇津井さんが声をかけてくれたんです。

「軽く、飲みに行きませんか？」

喜び勇んで、二人きりで、六本木のバーに行ったんですが……。宇津井さんは寡黙な二枚目ですから、「メイコさん、召し上がってください」くらいしか言わないで、ウイスキーを注いでくれていました。私、おしゃべりな人としか飲んだことがありませんでしたし、こちらがあまりおしゃべりなのも嫌われるかと思って、ほとんど話さなかったんです。酔うほどに話したくなるんですが、我慢していて、手持ち無沙汰になって、飲むしかなくなって、飲み過ぎて、ベロベロになってしまいました。

私が飲み過ぎているのを見て、宇津井さんはこう言ったんです。

「大丈夫ですか？　そろそろ、お送りしましょうか？」

帰ろうと立ち上がったときには、わけがわからなくなって……。

「一人で帰れます！　大丈夫！」

「いや、お送りしますよ。送らせてください」

そう言われて嬉しかったんですが、なんだか地がでたというか、我慢していたことが爆発してしまって……。

「何、言っているんだよ。この一万円札！　すかしちゃってさ！」

その頃、聖徳太子の一万円札には法隆寺夢殿《ゆめどの》の透かしが入っていたんです。飲み過ぎて、憧れの相手に毒づいてしまったんですから、本当に最低です。アフレコの直後だったので、「女は一度勝負する」の主人公が入っていたところもあるんですけど。

そのまま、六本木の街を一人で歩いていたら、宇津井さんの写真が目に飛び込んできました。サントリーレッド[*51]のボトルを突き出した広告看板です。自分が情けなく、悲しくなって、看板に向かって、「宇津井さん、ごめんなさい。さよなら！」と軽く手をあげて、挨拶をしたんです。そうしたら、タクシーが急停車。仕方がないので、それで家に帰りました。まるでお芝居。

でも、宇津井さんとの縁はそれで終わりにはならなかったんです。

出演回が好評だったのか、『ザ・ガードマン』の昭和四十四（一九六九）年十月放送の第二三六話「喜劇・いらっしゃいませ集団万引様」で、またゲストに呼んでいただけたんです。それで、宇津井さんと再会して、広告看板の話をしてみたら……。

「メイコさん。乗りたくなかったんですから、そのタクシー代、ボクが持ちましょう」

最後まで一万円札な方でした。

それで、ひばりさんとお酒を飲んでいるときに、そういう話を問わず語りでさんざんしていたら、『ザ・ガードマン』に出演したいと言い出したんです。私の憧れの宇津井さんを、見てみたかったんでしょうね。そんな話が出たのは私が最初に『ザ・ガードマン』に出演したときなんですが、そこからどんどん話が大きくなってしまい、初

＊51　ウイスキー。1930年に「サントリー赤札」が発売されたが製造中止。1964年に「サントリーレッド」として再発売、宇津井がＣＭに起用された。その後「サントリーオールド・ウイスキー＆ソーダ」でも「ザ・ガードマン」出演者が起用され宇津井も登場

出演から三年がかりで、ひばりさんがゲスト主演することになったんです。

昭和四十五（一九七〇）年九月放送の第二八五話「ひばりの愛の逃亡姉妹」。ＤＶＤにもなっていて、その宣伝文句は「ひばりの親友、中村メイコが大の宇津井健ファンで、メイコがひばりを口説いて実現した夢の企画」となっているんですが、だから真相はちょっと違うんですよ。

私とひばりさんは呉服屋の姉妹役。姉の私は家業を嫌って家出、麻薬の運び屋に落ちぶれているという。それで、宇津井さんやひばりさんは密売組織と対決するというストーリーです。呉服屋の娘役なのに、ひばりさんが「悲しい酒」「さよならの向こうに」を歌うシーンもあって、四〇パーセント近い高視聴率でした。

二年間続いたラジオの深夜放送『私のロストラブ』は高校時代に聞いていて、とても印象的でした。いま思えばメイコさんのそれまでのイメージとはずいぶん違う役どころだったような——古舘

昭和四十七（一九七二）年から二年間、ＴＢＳラジオで『私のロストラブ』[*52]という深夜放送を担当していたんです。リスナーたちのロストバージンを紹介する番組だったんですが、『ママ横をむいてて』とつながっているんです。ただ、『ママ横をむいてて』は性について書いていませんし、知らないことが多くて……聴いてくれていたのは中高生、大学生たちがメインだったと思うんですが、私自身の性教育にもなりました。

おもしろかったのは、その番組は人気があったので、街を歩いていると、よく声をかけられたこと。あるとき、新宿駅南口辺りを歩いていたら、手をつないだ十代のカップルに、「メイコさんですよね？」と話しかけられたんです。

「これから、私たち、『ロストラブ』です！　これから、ラブホテル行ってきまーす」

びっくりしちゃった。

「私たちに、一言、励ましの言葉をください」

なんて言われて、どう言ったらいいのか、まったくわからないので、戸惑いました。

そういう話はいいんですけれど、当時はまだね、女の子たちの話って、正直、あまり好きじゃなかったんです。犯された、処女を奪われたみたいな感覚がありましたか

＊52　土曜深夜０時30分から30分の初体験にまつわる高校生、大学生へのインタビュー番組。テーマソング「ロスト・ラブ」は、すぎやまこういち作曲、男と女というグループのスキャットだった

らね。それに、実際、そういう話が投稿されてきて、許せないって気持ちになっていました。いちばん記憶に残っているのは、相手が体育の先生とか……。大の大人がそんなことをして、謝りもしないで、うやむやにしようとするんです。

そうかと思うと、普通の高校生の男のコが制服でスタジオにやってきて……。

「メイコさん、あのう、俺、初めて童貞をなくしたのは……。川崎ってところにそういう曖昧な街があるのをご存知ですか」

「知りません、知りません」

そんなことを言われても、全然、そういうことを知らなかったんです。

「先輩から『そういうところへ行って、おまえ、いっぺん童貞を捨ててこい』と言われて、で、そういうとこへ行って、うちのおふくろと同じくらいの年齢のヘンなおばちゃんに、俺は童貞を捧げてきました」

なんて話をしている。自分自身にも、子育てをするうえでも、いろいろな意味で、すごく参考になりましたし、何より新鮮な番組でした。

娘たちが高校を卒業して、アメリカに留学するとき、「セックスはいいけれど、子供をつくるのはダメよ」なんて言えたのも、この番組のおかげだと思います。

私たちはずっと〝夫婦別姓〟でお仕事をしてきましたが、亡くなった後、〝夫婦別墓〟になる予定なんです――メイコ

神津さんは九人兄弟の末っ子の四男ですが、男の子供がいるのがうちだけなんです。ですから、神津さんと善之介は多磨霊園《たまれいえん》にある神津家のお墓に入る予定です。

中村家のお墓は港区愛宕《あたご》の青松寺《せいしょうじ》にありますが、母はこのお墓に入っていません。そして、私も多磨霊園の神津家のお墓には入らないつもりなんです。

なぜなのかというと……母は生前から「堅苦しい中村家のお墓に入りたくない」と言っていたんです。そして、母が亡くなった後、遺品を整理していたら、「中村家のお墓には入りたくありません。正常のこのお骨といっしょにお墓に入れてください」という手紙と父の骨が見つかったんです。父は元気な頃、こんなことを言っていました。

「お金に余裕があるときに、ボクのために新しいお墓をつくってほしい。ボクは死んだら中村家のお墓に入るけれど、チエコのことだから、たぶん骨の一部をこっそりとっておくかもしれない。二人のためのスイートホームをつくっておいてほしいんだ」

そのときは神津家のお墓に入る私が、中村家の新しいお墓をつくるのもおかしな話だと思ったんですが……父の言うとおり、母が父の骨を残していた。

その思いを知って、神津さんに相談してみたんです。そうしたら……。

「君は神津家のお墓には入らないことになっているんだよ」

離婚されるのかと思って、驚きました。でも、そんなことはなくて、父が亡くなる前、病室で約束したことだったんです。

父は昭和五十六（一九八一）年に八十歳で亡くなりました。[*53] 私はアメリカへの取材旅行のため死に目に立ちあえなかった。父を看取ってくれたのは神津さんでした。

父は一人前でない、作曲家の卵だった神津さんと一人娘の私の結婚を何も言わず、許してくれました。神津さんは父親になって、父の気持ちが痛いほどわかってきて、病床の父にこうお願いしたそうなんです。

「ボクは神津家のお墓に入らなければなりませんが、もしメイコが死んだら、お骨はお父さんとお母さんのお墓に入れさせてください。これはメイコと別れるということではなくて、ずっと魂はいっしょにいるつもりです」

私の知らない間に、お墓のことは決まっていたんです。

＊53　正常は渡米を中止するつもりだったメイコにこう言った。「パパのためにいま、仕事をやめることはないですぞ。君らしくない」。誕生日の11月6日に亡くなり、メイコ不在の通夜では誕生日祝いの花に囲まれ、「ハッピー・バースデイ」が歌われた

父と母、そして、私のお墓は母方の祖父の故郷、愛知県豊橋市につくりました。墓石には「中村正常の墓」「最愛のチエコ」、そばに赤く「メイコ」と彫りました。

ただ、夫婦で別々のお墓というのもどうかと思って……。

「私のお骨も神津家の墓に少し分骨しましょうか？」

そうしたら……。

「ああ、いいです。あなたの口のあたりが来たらうるさいから」

そういうふうに笑い話にすることは、神津さんは名人なんです。ジョークが大好きなところがあるから、六〇年以上、いっしょにいられるんだと思います。


やっぱり一つ変わっているところがあるなと思ってたら、メイコさんはすべて変わってますすね——古舘

私、一人でいるのが好きなんです。いまは夫婦二人きりの生活ですけれど、神津さんは自分の部屋で作曲などの仕事をしていますから、ほとんど一人で暮らしているよ

うなもの。三食をうちで食べるときには、朝ご飯を食べて、「お昼軽く上がりますか」と十二時頃になると声をかけて、そうすると、「うーん、ほんの少しな」とか言って、ちょっと食べて。それで、神津さんはすぐ仕事部屋へ戻って、私は本を読んだり、テレビを見たり……。しばらくすると、お夕飯のしたくを始めて、「お食事ができました」と声をかけて、二人でテーブルについて夕食をとる。

あっという間に食事は終わり、「何かしゃべってよ」と言うんですが、これまた男の方がしゃべってくれることはつまんないんですよね。そういうときでも、やっぱり「保元・平治の乱がな……」とか突然、話し始めるんですが、そんな話は聞きたくもないですから、聞いているふりをしているだけ。神津さんはだいぶ前からお酒は飲まないようになりましたから、私は一人でお酒を飲んでいます。

神津さんが出かけているときは家でも一人。ぽつんと一人でいるんですが、それが心地いいんです。

他の女優さんみたいな「オン」と「オフ」がないんです。「仕事が終わったら、素の自分に戻る」というスイッチがなくて、二四時間営業で役を演じているみたいな……。家族といっしょにいても、いまは妻を演じる時間、いまは母をやる時間みたいな意識があって、一人にならない限り、つねに何かを演じているのかもしれません。

若い頃、銀座も一人で飲みに行っていました。海外も一人で出かけていました。いまでもお買い物は一人です。年寄りになったから、この頃は周りが心配して、誰かと行きなさいと言われているんですが、一人でいたほうが落ち着ける。一人でいるのが、大好きなんです。

ひばりさんも一人が大好きな人でしたが、子供の頃から自分を人前にさらしているから、一人でいたほうが、安心できるのかもしれません。

ひばりさんは温泉や銭湯などの共同風呂に入ったことがないと言っていましたが、私も一度も入ったことがないんです。お風呂は普通の水でよくて、温泉は硫黄の匂いとか、手ぬぐいが黄色くなるのとか、何か苦手。大浴場のある温泉ホテルに泊まっても……。

「小さなバスタブで結構です。ここが一番いいんですよ」

とお断りして、部屋のお風呂に入っています。他人に見られ続ける商売ですけれど、人目があると、落ち着いてお風呂に入れないと考えてしまう。気さくに裸付き合いをするというのもいいのかもしれませんが、そういうときも、どうしても演じてしまうところがありますからね。ひばりさんも共同風呂に入ったら、人目があるから、美空ひばりでいなければならない。つらいものがあったんだと思います。

大女優ぶりたいつもりはありませんが、私もやっぱり、お風呂では中村メイコではなくて、神津五月になりたいのかもしれません。

神津さんとも、いっしょにお風呂に入ったってことがないんです。お風呂もお墓も別、夫婦関係でも、そういう距離感が私には向いているんです。

プライベートでは芝居をしていて、仕事では役づくりをしない。私って、本当にへんてこりんな役者だと思います――メイコ

ある意味、プライベートのほうが役を演じていて、仕事のほうが素に戻れる気もしています。撮影スタジオに入るとき、私は特別な気構えをしないんです。

いただいた役をこうやろうと構想を練るとか、役づくりを一切、しないんです。もちろん、台本は事前に読みますが、テレビでもラジオでも、映画でも、スタジオに入

ったら、そこから考えようというスタンスなんです。

自信があるということではありません。謙遜でも何でもなく、自分自身を役者として考えてみると、演技は下手なんです。特別に演技を勉強したこともありませんし、師匠もいません。どう考えても、うまい役者ではないんです。

でも、何というのか、もうエイヤって出たとこ勝負というか、「これでやっちゃえ。私はこれしかできないんだから」みたいな度胸はあるんです。

たとえばラジオドラマなどでいきなり救急車の役や、唐突にクラゲの役をやることもあるんですが、だからこそ、そういうものでもなんとかこなせているんだと思います。「このクラゲはどういうクラゲなのか？」とか役づくりを考えたらできませんからね。クラゲのイメージから連想して、ぷにゅぷにゅした声でやろうなどと思ってやっているだけなんですけれどね。

よく、ふるさとや家に戻るとほっとすると言いますが、私の場合、スタジオにいると気持ちがラクになる。

「スタジオに行く」というよりも、「スタジオに戻る」と言ったほうが、しっくりとくるんです。そういう意味では、私のふるさとはスタジオなのかもしれません。

ただ、こんなにたくさんお仕事をしていても、いい作品に巡り合ったと思ったことが一度もないんです。そこそこの作品、この程度なんだなという作品ばかり。もちろんそれは作品が、というより私が、ということなんですが……。

「うわー、この仕事に賭けたいわ」とか「いい役をいただけて嬉しい」とか心から思ったことは正直、一度もありません。役に酔うということがないんです。

その辺りは私の弱点というか、至らないところでしょうけどね。

メイコさんは数年前に一〇トントラック七台分の思い切った大断捨離を敢行しましたね。心境が変わりましたか?――古舘

七十歳を過ぎて、髪の毛をベリーショートにしました。私のお仕事の最初は『江戸ッ子健ちゃん』のフクちゃんですからね。フクちゃん役を演《や》るために、丸刈りにされちゃったんですが、初心に戻ろうと思ったんです。それに、年を重ねた女の人が未練がましく、髪の毛を長くしていると、あまりみっともよくないですからね。若い人で

したら、髪の毛が乱れたら、「おくれ毛が色っぽい」となるけれど、おばあさんの白髪交じりのおくれ毛は不潔っぽいだけだから、さっぱりとするほうがいいと思ったんです。

そして、平成二十六（二〇一四）年秋、いまの家に引っ越しました。

それまで三〇年間住んでいた家は敷地三〇〇坪の地上二階、地下一階。家族五人に加えて、神津さんのお母さんとお弟子さん、お手伝いさんもいましたから、一時は最大で一一人で暮らしていました。一三部屋もありましたし、そのうえ、私の母用の別棟、倉庫が四つもあったんです。この家で、私は実母と義母の介護、看護生活も経験しました。思い出の本当にたくさん詰まった家だったんです。

でも、夫婦二人暮らしになって、持てあましてしまっていました。

当時私が八十歳、神津さんが八十二歳。毎日の掃除をするだけでも一苦労でしたし、毎月の光熱費もとんでもなくかかっていましたから、経済的にもたいへんでした。それで、いまのマンションに引っ越すことにしたんです。

ただ、大きな家にはものすごい量の荷物が詰め込まれていたんです。それで、家具や食器、洋服や靴……どんどん捨てていった。

結局、一番大きいサイズの一〇トントラックに七台分！　いまの家に入れられるように、一〇日間で捨てに捨てまくりました。

箱を決めたら、その箱に入らなくてはというのは、役者の考え方かもしれません。役者は舞台装置を見て、自分の動きをそこに合わせるんです。

それと同じように、「もう明日からこの広い台所はなくなる」と思ったら、「じゃ、どうすればいいの？　どういうものがあったら、何とかなるかなあ」と考える。そこに自分をはめていくしかないっていうのが役者の考え方で、それが骨の髄まで染みついているんです。それまでの習慣も、舞台装置が変わったと思えば、対応できるんです。

神津さんも「ともかく、入れ物が決まったんだから、入り切らないから捨てるんだ」と、作曲家にとって、そこまで捨てなくてもいいのにと思うくらい、使い慣れたピアノやシンセサイザーなども、思い切りよく捨てていったんです。

私もそれを見て、夫婦間の仁義を通すというか、覚悟を決めて、『紅白歌合戦』の司会のときに着た振袖とか、美空ひばりさんにいただいた衣装とか、処分したんです。そのとき何が悔しいって、神津さんにこんなことを言われたことです。

「この靴の数はなんだ。あんたはイメルダ夫人か？」

靴から捨てようと思って、何十足、何百足と捨てていたんですが、靴の数にすごく驚いたみたいで……。私の足、二二～二二・五センチくらいで小さいから、娘たちは履けません。新品同様の靴のいくつかはプレゼントしましたけれど。

カツラもたくさんありました。忙しい頃、いろんな役をやらなければならなくて、いくつも掛け持ちをしていたので、この番組のA子さん役、この番組のB子さん役とカツラを用意しておいて、つながるようにしていたんです。そういうのを全部、捨てないでおいたんです。

ただ、女優を続けている以上、骨董品みたいにはなりたくないから、「昔の洋服を着ている」と思われるのは嫌です。ですから、いまも洋服があれこれ欲しくなりますが、これを買うなら、あの一着を処分して、クローゼットに納まるようにしようと考えるようになりました。

徹底的な断捨離をしてみて、ものがないのってこんなに楽なものかと思っているところです。本当にスッキリしました。「場面変わって」が好きですからね。

ですから、お酒を飲みに行っても、一軒の店に長くいると飽きちゃうので、はしご酒になります。

もともと、私の人生、シーン、シーンでできあがっているところがあるんですよね。「思い出の品なんて、なくてもいい」という言い方は言い過ぎかもしれませんが、思い出は心にあるものですから、ものに託さなくてもいいと思うんです。

それでも、吉行淳之介さんと神津さんからの手紙は捨てられませんでした。吉行さんからはそんなに数多くもらえなかったんですが、神津さんからは婚約期間が二年半もあったから、たくさんもらっています。いま読んでも、むずかしいことばかり書いてあって、意味がよくわからないんですが、やっぱり捨てられませんでした。ただ、私が持っていても意味がないと思って、全部、カンナに預けたんです。カンナは物書きですから、何か作品として残してくれると、嬉しいんですけれど……。

一番、捨てるのが切なかったのは、小さい頃に古川ロッパさんにいただいたキューピーさんとか、思い出深い品です。[*54] 疎開先まで大切に持っていって戦火を逃れ、せっかく私と生きてきたのに……「ごめんね」と泣きながら謝って、そういうものを捨てました。

＊54　戦前にギャラ代わりにもらったおもちゃや人形、さまざまな著名人からもらったぬいぐるみ、写真や雑誌記事も思い切りよく捨てた。東郷青児のメイコの肖像画、谷内六郎がカンナを描いた絵まで捨てたという

仕事でも、プライベートでも演技をするということ

高度経済成長期、神津ファミリーは理想の家族として世間に受けとめられていました。作曲家の神津善行さんとマルチタレントの中村メイコさん夫妻に、両親のあふれる才能のDNAを引き継いだ二人の娘と息子。家族みんなが一緒になって音楽を楽しんでいる姿をテレビで見ていた私にとっても、まぶしい存在として映っていました。

ところが、実際は必ずしもそうではないようです。メイコさんはこう言います。

「私から演技を取ったら何も残らない。こいつは何だった？　女？　人間？　というくらい、何もない。いつも演技していますからね。神津さんには妻として、義母には嫁として、子供たちには母親として、演技しているところがあります」

現実としては、理想の家族ではなく、イメージの郷愁として理想の家族を演じ

ていたところがあるのかもしれません。ただ、そのことをいいこと、悪いことという二元論では語れないと思うんです。なぜなら、家族といっても、結局のところ、他人同士。47ページで書いたように、妻、嫁、母というペルソナをかぶった方がうまくいく。

私が司会を務めていたトーク番組に、亡くなる直前の松田優作《まつだゆうさく》さんが出演してくださったことがあります。ふだん、松田さんはトーク番組には出ないんですが、いっしょに司会をしていたジャズシンガーの阿川泰子《あがわやすこ》さんが文学座同期で仲がよかった。それで、最期のお別れのためにいらしてくださったとあとでわかった。私はそんなことはつゆ知らず。結婚したての頃でしたので、何の気なしに、雑談で結婚生活のことを口にしました。

「仕事に疲れて家に帰っても、夫婦喧嘩が始まると、ボクもおしゃべりですからガンガン話してしまって、どうにもならないんです」

すると、優作さんは優しい口調でこう言ったのです。

「あなたとは初めて会うけど……家族の前でこそ、本気で演技しないとダメなんだ。あんたなら、仕事は本音でしゃべっていれば大丈夫だと思う。でも、家では演技を本気でやんなよ。家が芝居の場所だと考えてね。俺もたいへんなんだけどね」

家族の前では演技が必要だという、メイコさんや優作さんは正しい。ただ、優作さんや私にとっての家族の前での演技と、メイコさんの演技とは少し違うのではないかと思うんです。

戦後、家族のかたちは大きく変わりました。『サザエさん』を見てみても、磯野《いその》波平《なみへい》・フネとフグ田マスオ・サザエの夫婦関係はまったく違います。悪しき男尊女卑的な考え方は否定されて、戦後民主主義の男女同権という考え方のもと、対等に夫婦関係を築くことに変わっていった。それはそれで素晴らしいことですが、生物として本来持っているはずの人間の男らしさ、女らしさ（演技であったとしても）というものも過剰に否定される傾向が強い。その中で、男という役柄や女という役柄をはぎとられて、人間としてぶつかるのはしんどいはず。

一方、メイコさんはどうかというと……いまでいう格差婚のように、売れっ子タレントと売り出し中の作曲家という格差がありました。天性の役者ということの要素のほうが大きいとは思いますが、そのため、メイコさんは女らしい演技というか、妻としての演技をしていたほうが都合がよかった面もあった。そして、天性の女優・中村メイコはそれを存分に演じていた。

メイコさんはこう言います。

「映画でも、テレビでも、舞台でも……私にはこれといった代表作がないの。私自身、魂を込めて演じたという作品がないので、仕方がないんだけどね」

そんなことはないんです。たとえば、ラジオドラマは黒柳徹子さんが嫉妬したと伝え聞くほど出色《しゅっしょく》、残っている音源を聴くと、美事なばかりです。それに何より……日本を代表する理想の家族〝神津ファミリー〟を演じた。このことこそ、メイコさんの代表作とは言えないか？

メイコさんから学ぶ大事な生き方は「場面変わって」です。

一日、一日を思い通りに過ごせている日など、地球上にだれ一人としていないでしょう。夢はいだきつつ、成し遂げられなかった思いの数々を一日の終わりに全て、あきらめて、「場面変わって」とリセットし、未知なる明日に向かうことが人生の要諦《ようてい》であるといま、思っています。

第五章

出来すぎ人生

思い残すことはありません

人間の役をこなす名優はいっぱいいますが、なったことのない、人間以外の役をすっとこなすというのは類まれなる才能だなと思います――古舘

昨年、久しぶりにラジオドラマに出演しました。NHKのFMシアター。二〇〇〇年頃、『ラジオ深夜便』に「ラジオ深夜便小劇場」というラジオドラマのコーナーがあって、その流れのオファーだと思います。

演じたのは、セキセイインコの役です。

「メイコさんにまた、ラジオドラマをお願いしたいんです」

「どういう役?」

「セキセイインコです」

「は?」という感じでしたが、久しぶりの人間ではない役で嬉しかった。

『青い羽ねむる』というラジオドラマ。セキセイインコといっても、人間とコミュニケーションできる特殊能力を持っているという設定です。

母親を亡くした生物学の研究者の青年が主人公で、はじめはいかにもインコっぽい

感じで鳴いていたセキセイインコが、だんだん青年との交流が深まっていくうちに、言葉が流暢《りゅうちょう》になっていき、最後は母親の口調で話すというむずかしい仕事でした。

人間ではない役といえば、飯沢匡さんが脚本を書いていたＮＨＫのラジオドラマの仕事は本当におもしろかった。二年ぐらい続いた番組でしたが、私が演じたのは「ガラスのコップ」とか「救急車」。

救急車のサイレンは、昔は「♪ウゥ～ウゥ～ウゥ～」って消防車やパトカーと同じだったんです。だから、「♪僕ねぇ～あの～～さぁ～」っていうふうに言えば感じが出ました。でも、途中から「♪ピ～ポ～ピ～ポ～ピ～ポ～」に変わっちゃったから、やりづらかった。「♪僕～ねぇ～あ～の～～さ～ぁ～」って言うのが苦しくて、脳貧血を起こしそうでした。

ガラスのコップ役は「お水が入ってきたわ」って澄まして、いままでやったことのないような透き通った雰囲気の、いい女みたいな声で演りました。上等なレースのカーテン役は司葉子さんのイメージで気取った声で演ってみようとか、人間以外の役のほうが、自分のイメージを膨らませることができるから、楽しかった。

私の声って、よく言えば言葉が正確というか、どちらかというとパキパキしているんです。でも、クラゲの役なら、今日はクラゲだからと思って、スタジオに入るときから「♪オハヨ〜ゴザイマス〜」って最初からふにゃふにゃ言ったりする。普段の正確な発音ではなくていいんだと思うと、気がラクなところもあるし、気持ちが発散できるんです。

ただ、何一つ、どこをとっても、あまり専門的ではありません。習ったものではないし、何かの真似しようと一生懸命、練習することもありませんからね。自然とやっていて、きちんとできていないのかもしれないけれど、何となくできちゃうんです。

未熟な役者ですけれど、演じるうえでは役柄そのものになることが技術よりも大切だと思っています——メイコ

いま、子供や動物の声色を演じている、大人の声優や俳優の方々もたくさんいますよね。ちょっとうぬぼれて、私なりに厳しいことを言うなら、多くの方は技術的にそういう声を出しているだけだと感じるんです。

聞いていても、その子供がどういう子供なのか、その動物がどういう動物なのかということまでは、見えてこないからです。子供の声はこういうもの、この動物の声はこういうものと頭で考えて、教科書やマニュアルどおりに声を出しているように思えます。私が演るときは、よくよく聞いたらちっとも子供の声になっていないのかもしれないけど、どういう子供なのかをちゃんとイメージしているんです。

「いやだよ、いやだよ」って言ってるときの子供……その子がどういうプロフィールで、どういう気持ちなのかを考えて、その子供に化けるつもりになって、声を出しています。

一方、逆に、そういうところを含めて、私は未熟な役者なのかもしれないとも思うんです。いまだに、あまりカタチにこだわらないというか、自分のスタイルがないというか、何を演るにしても、これでいいだろうという段階で幕が開いたり、撮影が始まってしまう。技術から入れば、それなりにきちんとできるかもしれませんが、私は化けることを考えてしまう。

ですから、演じられていない役柄も結構、あるんです。

たとえば、女郎さん役。脚本家の花登筐《はなとこばこ》先生[*55]に「メイコに女郎の役をやらせたい」

＊55　1928年生まれ、1983年没。小説家、脚本家、演出家。代表作に『番頭はんと丁稚どん』『細うで繁盛記』など。大阪商人を主人公とした商魂もの、根性もので知られる。生涯３度の結婚歴があり、最後の妻は2018年５月に亡くなった星由里子である

と言われて、舞台で女郎さんの役を演ったことがあるんです。

序幕でパッと火鉢の上にまたがるシーンがあったんですが、花登筐先生から「メイコさん、出てきて。股火鉢、股火鉢」と言われたんです。でも、「股火鉢」の意味がわからなかったから、「また、火鉢？」って聞きました。

「ちゃうちゃう、ちゃう。『股火鉢』や」

そのとき、股火鉢が火鉢にまたがることだなんて思いもよらなかった。それでも劇評で「崩れたお女郎のメイコもよかった」とか書かれていたんですが、批評家はいいかげんなものだなあと思いました。

ただ、父は初日を見に来て、すごく怒っていました。

「こんな下品な芝居に出るな！　女郎なんて役はすぐに降りろ！」

と言ってたんですが、そういうわけにいかないですからね。

でも、自分自身、女郎役は向いていないし、ちゃんと演じられる自信も実力もなかったと思います。

森繁のパパと呼んでいた大好きな森繁久彌さんと
（映画「森繁の僕は美容師」1957年公開）

喜劇のお手本として憧れの存在だった三木のり平さんと
（映画「続・御用聞き物語」1957年公開）

映画もテレビも技術は格段の進歩をとげ、最高の映像をつくれるようになった。反面、大切なことが忘れられつつあるとは思いませんか?――古舘

テレビの創成期は、ドラマでもバラエティでも、ほとんど、生放送。たいへんだったのは、ものすごくライトが強かったこと。暑いですし、食事のシーンでもお料理が温まっちゃって、たとえば、お刺身はすぐ黒ずんじゃっていました。

いまと違ってモノクロ放送ですし、解像度も低かったから、刺身が黒ずんでも放送ではわからなかったんですが、おいしいわって感じで食べなきゃいけない。いろいろたいへんなことが多かったんです。でもやっぱり、生放送の緊張感は格別なものがあります。ですから、いまでも生放送が好きなんです。

この頃、テレビはニュースやワイドショー以外、生放送はあまりありませんし、そもそも打ち合わせが過剰だと思うんです。

だいたい、どうして対談番組で台本をつくるのか、わからない。〈MC「メイコさん、いつまでもお若いですね」〉〈メイコ「いえ、いえ」〉――そんなやりとりが台本にあっ

たりするんですけれど、私、「いえ、いえ」なんて言わない。打ち合わせをしすぎて、台本も作りこんで収録するとなると、全然、おもしろくない。

　昭和三十四（一九五九）年から昭和三十六（一九六一）年の三年間、『ＮＨＫ紅白歌合戦』で私、紅組司会を務めさせていただいたんですが、台本なんて簡単なものでした。「午後五時半／出演者全員集合　午後六時〜七時半／リハーサル　午後八時五〇分／出演者整列　午後九時五分〜十一時三十五分／本番」というようなスケジュールがあって、あとは香盤表《こうばんひょう》（歌唱順）くらい。

　前奏のときの歌手の紹介とかも、白組司会の高橋圭三《たかはしけいぞう》さんと全部、アドリブでやっていました。こんな最初の挨拶もアドリブでした。

「会場のみなさま、全国のみなさま。正直申し上げて、女なんて、弱いものでございます。その弱い女の人たちが続けて勝たせていただきましたことは、一年の間、何かんだと一番忙しい思いをしてきた女の人に、せめて大晦日くらい、幸せな気持ちを味わせてやろうという男性女性を超越した、みなさまのご声援のたまものと存じます」

　歌手の方々と丁々発止のやりとりは、それだけ緊張感があっておもしろかった。それでいて、圭三さんもすごいアナウンサーでしたから、時間どおりに進行できたし、

『ゆく年くる年』に引き継ぐことができました。

平成二十（二〇〇八）年に大河ドラマ『篤姫』*56に久しぶりに出演させていただきましたが、そのとき、思ったことがあります。あんまり待ち時間が長いので、「いま、何をやっているんですか？」と聞いたら、「ライティングです」と。

「このぐらいかかるのは当たり前なんです」とも言われて……。ハイビジョン撮影で実写とCGの合成もあったり、昔とはずいぶん撮影技術も変わってしまっていますが、本末転倒な気がしました。

生身の役者の感覚、五感と技術の進歩がかみあっていないというか、乖離《かいり》してしまっているところがあるのではないかと感じたんです。役者って生身ですから、あまり待ち時間が長いと、いい演技ができなくなりますからね。

映画でもドラマでも、最近では実写といっても、CGでウソみたいな動きやきれいな映像にできますよね。映画もテレビも白黒からカラー、フィルムからデジタルに変わってきていて、技術の進歩はめざましい。

でも、何かが失われているように思うんです。

最高の映像になっているんでしょうけれど、どこかが違うような気がする。

＊56　主演は宮﨑あおい。全50話の平均視聴率は24.5%と幕末を舞台とした大河ドラマで過去最高。メイコは孝明天皇の側近、和宮付きの女官の庭田嗣子役を演じた

私たちの時代だって、愛しい恋人を見つめて「愛してるわ」と言うシーンで相手がいないときもありました。目線をどこに向けたらいいのかは、照明さんが汚い軍手を棒にぶらさげて、「この辺りに目線をお願いします。ここに相手役がいます」と指示することもありました。その軍手を見つめて、「愛してるわ」って言う。それが私は演技だと思うんです。CGのためにグリーンバックで演じるのと似ていますが、もっと想像力を働かせていた気がするんです。

効果音にしても、いまは、サンプリングとかいって、実際の音を録音したものを使っています。

そのほうが本物に近いのかもしれませんが、昔は竹ザルに小豆を入れて動かして、さざ波の音を出すとか、いろいろな技術がありました。ハマグリの貝殻を擦りあわせて、「ゲロゲロ、ゲロゲロ」って、蛙の鳴き声を出したりして……。そういう効果音のなかで、ラジオドラマ、テレビドラマの演技をしていました。ウソなんですけれど、本物だったんです。つまり、みんなが生身で演じていた。

左卜全《ひだりぼくぜん》さんとラジオドラマでご一緒したんですが、おじいさんが井戸に落っこちてしまうシーンがありました。「おじいちゃん、大丈夫?」と私が声をかけて、左さんが

「大丈夫だ。つかまってるぞ」と答えるという。

だけど、マイクを挟んで向こう側にいる左さんが、突然、目の前から見えなくなった。どうしたんだろうと思って、「おじいちゃん、大丈夫？」って本心から言ったんです。そうしたら、左さんはテーブルの下に寝っ転がっていて……。

もがきながら、「大丈夫だぞ！」と。

生放送だから噴き出すわけにはいかなかったんですが、おかしくて、おかしくて、たまらなかった。ラジオドラマでも迫真の演技をしていた方も多かったんです。

本物ではないかもしれませんが、聴いている方、観ている方のイメージを刺激することに役者冥利を感じます
——メイコ

「♪いいな／いいな／お姉さんといっしょ／ほんと／ほんとね／たっちゃんといっしょ／お姉さん／笑ってる／（うふふ　ふふふふ　ふ）／お姉さん／いばってる／（えっへん　えへん　おや）／お姉さん／泣いてるよ／（えん　えん）」

こんな主題歌のラジオ放送劇『お姉さんといっしょ』[*57]。もともと、子供向けの童話的な朗読劇だったんですが、地声で台本を読むのはつまらないと思って、主人公の男の子「たっちゃん」や、お母さん、お父さん、お祖父さん、お祖母さんをはじめ、一人で一二役くらいの声を演じわけてみたんです。

この何役も一人でこなしたラジオドラマ『お姉さんといっしょ』がきっかけで、〝七色の声〟と呼ばれるようになったんですが、私としては、技術的に演じ分けようとは考えていなくて、それぞれの役柄になりきったつもりで、夢中で演じていただけなんです。ですから、私が演じていた主人公のたっちゃんにしても、実際の五歳くらいの男の子の声とは全然、違うと思います。

聞いてくださっている方々の頭の中には、五歳くらいの男の子はこういう話し方をする、こういう感じなんだという〝イメージの郷愁〟みたいなものがあると思うんですが、私はそういうイメージを膨らませて、声を出していたんです。

偉そうなことは言いたくないんですが、最近、そういう〝イメージの郷愁〟に寄り添うことが疎《おろそ》かになっているようにも思えるんです。

さっきも言いましたが、さざ波の音にしても、サンプリングした音だったら、本物

＊57　NHKラジオで1953年1月から1955年７月まで放送された。伴奏の音楽は生演奏でのヴァイオリン、チェロ、フルート、クラリネット、ピアノ、打楽器の６人編成だった。好評のため、1963年４月から１年間、十朱幸代主演でテレビドラマ化された

の音ですから、間違いないんでしょう。でも、竹ザルに小豆を入れて動かして出した音のほうが、ときに伝わることもあります。演じている私と同じような気持ちで、効果音の担当の方は、シーンに合わせて竹ザルを動かしているんですからね。

本物ではないけれど、ドラマやリスナーに寄り添ったものになっていたんです。もしかしたら、私は効果音の擬音みたいに演技をしているのかもしれません。本当ではないんだけれど、いかにも本当のように演じている。私には、そういう演《や》り方しかできないんですが、それはそれでいいと思っています。

それから、最近、気になるのは言葉遣いです。声の仕事をしていると、若いディレクターに「そういう言い方、いまはしないんですよ」とよく言われますが、どうしても、こだわりがあって……。

「でも、私、この言葉でしか表現できないんです」

そう言いたい言葉がいくつかあるんです。たとえば、「やっぱ」ではなく、「やっぱり」と言わないと、気持ちが伝わらない。ほんの一音ですから、台本に「やっぱ」と書いてあっても、「やっぱり」と言いたい。若い素敵な男のコが「やっぱ、そうですね」と言っているのを聞くと、ちょっと幻滅してしまうんです。

アクセントも変わってきていますよね。戦前までは自転車は「て」にアクセントを置いて発音していたんですけど、いまはみんな平板に言っています。

まあ、それでもいいのかもしれませんが、私としては、明治・大正時代の物語を朗読するときは、「て」にアクセントを置いて発音しないと、雰囲気が出ないと思うんです。平板に「じてんしゃ」と言うと、いまふうな感じがして、物語の世界が台無しになってしまう気がします。

電動自転車などは平板でいいんでしょうが、「て」にアクセントを置くことで明治・大正時代のモダニズムというか、そういう時代の雰囲気を醸し出せると思うんです。細かな発音にも、〝イメージの郷愁〟がひそんでいます。

不倫も煙草も〝下衆の極み〟扱いされていますが、〝芸の極み〟にもつながる。ですので、全否定することはできないと思います　――メイコ

「不倫」という言葉、私は、どうにもなんだか、違和感を感じているんです。三島由

紀夫さんは『不道徳教育講座』[*58]という本を書いて、世間の偽善を逆説的に糾弾《きゅうだん》していらっしゃいましたが、週刊誌やワイドショーが不倫を告発というか、大きく扱うのを見ていると、偽善というか、うさんくさい感じがするんです。

「芸人の嫁になるんだったら、浮気は当然のこととして、我慢しなさい」という時代も確実にあったんです。いまは通用しないのかもしれませんが、森繁さんやのり平さん、伴淳さんにしたって、浮気が芸のコヤシになっていたと思うんです。吉行淳之介さんにしても、小説の奥深さはそういうところから生まれていた気もします。

前にも言ったように、私自身、神津さん以外、いろんな男の人たちを好きになったことは、演技をするうえで生きているところがあると思います。また、人生でそういうことがあったから、ちょっとは成長できたのかもしれないとも思っています。

ですから、こんなことを言うと申し訳ないんですけど、いまの俳優さん、女優さんたちの芝居が何となくウソっぽくて、あまりおもしろくないのは、その辺りにあるかもしれないと思うんです。やっぱり、俳優や芸人、女優も含めてですけど、普通の道徳観のなかで生きるようになっちゃうと、おもしろみがなくなると思うんです。普通に生活するようになっちゃったから、つまらなくなっていくところがあると思います。

＊58　1958年から1959年に『週刊明星』に連載されたエッセイ。その間、単行本化（正・続）、映画化、松竹新喜劇化、連続テレビドラマ化された。三島の人間性が表れている著作とされる

男優さんだったら女遊びをしている人、女優さんだったら、恋多き女性のほうがチャーミングだと思っちゃう。

わけもなく涙が出ちゃったり、時間を忘れて朝までいっしょにいたいとか、そういうことは他にありませんからね。ある意味、馬鹿げたこと。やっぱり、恋愛って馬鹿げていますが、それこそが人間らしいと思うんです。

いまは、煙草に対する風当たりも強すぎます。

私は吹かしていただけだったんですが、一服すると、心が落ち着く。そういう効用もあると思いますし、ライターや煙草って、小道具になるんです。

ライターで手遊びしたり、煙をゆっくり吐き出したり、せかせかとチェーンスモーキングをしたり、煙草の喫い方ひとつで感情の機微を表現できる。もちろん、芝居でも活かせますが、飲みに行ったときにも、ちょっとした小道具になります。確かに、喫いすぎると健康によくないんでしょうけれど、程度問題ではないのかしら。自分自身、喫わなくなってからだいぶたつけれど、たまに一服したいという気持ちはいまもあります。一律、煙草がいけないという風潮は、どこか納得できないんです。

かつて、NHKで「アナウンス室」なんて言わなかった頃、「アナウンス部屋」なんて呼ばれていた頃の話ですが、ドラマの収録をしているとき、台本の台詞で正しいアクセントがわからないと、演出家の方に「アナウンス部屋へ行って、聞いてこい」とよく言われていたんです。

それで、アナウンス部屋のドアを開けると……煙草くさいわ、お酒くさいわ。小川《おがわ》宏《ひろし》さんや高橋圭三さん、宮田輝《みやたてる》さんというような、錚々《そうそう》たる面々が勢揃い。みんな、二日酔いでグロッキーになりながら、煙草をモクモクと喫っていらっしゃったんです。すごい大人の人たちだなあと呆れるやら、感心するやら……。

でも、そういうところから、あの完璧な名アナウンス、名司会が生まれてきたのではないか、と思っています。

いつの間にか、ＮＨＫのアナウンサーは品行方正というイメージが定着していますが、あの頃は本当にみんな不良だったけれど、一流のアナウンス職人、一流の方々ばかりでした。スターの輝きを持っていらっしゃったんですよ。芸能界も不良ばかりでしたけれど、だからこそ、自分の仕事に命を賭けて取り組んでいた。だからこそ、スターの輝きがあったんです。

「どうして優等生でなきゃいけないんですか？」って、私は聞きたいんです。

スターがいなくなりつつあり、タレントさんばかりになっている。そういう意味では、私も自分のことはタレントだと自覚していますし、悪しき前例なのかもしれません。でも、視聴者の方々は、一線を越えたスターの〝芸の極み〟を望んでいるところもあると思うんです。

その一方、自分に近い考え方、暮らし方をしているタレントを見ていると、安心する。その気持ちはわかるんですけれど、そのことでスターが生まれなくなったり、生きづらくなったりすることは、嘆かわしいことなのではないでしょうか？

私は、そのことを悪しきグローバリゼーションと呼んでいます。倫理観、生き方が「みんないっしょ」じゃないとダメになっちゃった。本当は芸術、芸能の世界は良し悪しではかれないローカリズムがにじむ場所であるはずです——古舘

子供の頃から、類稀《たぐいまれ》なる才能を持ったスターの方々と身近に接してきました。エノ

ケンさん、ロッパさん、徳川夢声さん、森繁さん、伴淳さん、のり平さん、それに吉行淳之介さん、三島由紀夫さん……みなさん、生き方としては不良なんだけれど、まさしく〝スター〟の輝きを放たれていました。

「幕内」という言葉も聞かなくなりました。幕の内弁当は最初、役者さんや裏方さんのためにつくられていたのが、お客さんに提供されるものになりましたが、芝居の幕の内側はお客さんには見せないものでしたし、幕内話は聞かせないものでした。

ですから、いま、売れっ子の坂上《さかがみ》忍《しのぶ》君に言ったことがあるんです。

「あんた、『昨日も飲みに行って、みんなで朝まで飲んで』とか言わないほうがいいわよ。そんなこと、本番が始まってから、言うことではないと思う」

忍君は私と同じ子役出身なので、わかっていると思っていたんですけれどね。

最近、テレビ局に行って驚いたのは、楽屋が個人の空間になっていることです。楽屋が個室みたいになっていて、そこでは皆さん素顔をさらしているんだと知って、びっくりしました。昔は「とんだ楽屋裏をお見せして」なんて言葉があったんですが、その実、楽屋でも芝居をしていたんです。本当の意味では裸になんかならなかったし、たとえば、お弟子さんを叱ったりもしなかった。役者として、楽屋でも他人様に見せる演技をしていたんです。

いまは楽屋でくつろいで、リラックスしているから、楽屋のドアを開けると、「失礼しました」「ごめんなさい」という感じになります。

昔は楽屋と舞台、スタジオは地つながりだったというか、楽屋から演技、芝居が始まっていたんですけれど、いまは違うんですよね。

女優さんにしても、優等生っぽくなっちゃっています。結婚して、すぐにお母さんになって、ブログなどで何でも公開してしまうようですね。私、ちゃんと見たことはないんですけれど、話を聞く限り、そういうことは、役者をやっていく以上、おやめになったほうがいいと思うんです。

やっぱり、みなさん、「あの人の実生活ってどうなんだろう？　まあ、結婚もしているし、お子さんもいるらしいけれど、どんななんだろう」という関心を持つと思うんです。でも、それに応えて、毎日つくっている食事やお弁当を公開してしまうと……おもしろくない、つまらないと思うんです。

謎は謎として残したほうが、演じている役柄もリアルに思えます。

たとえば、その女優さんは毎日のお料理を公開したりして、本当はいい奥さんなのに、不倫をする役柄を演じても、ウソっぽく見えてしまう。好感度はあがるのかもしれませんが、女優としてはマイナスになると思うんです。役者さんや女優さんは、観客に媚《こ》びたら、本物になれません。

杉村春子《すぎむらはるこ》さん＊59がこんなことをおっしゃっていました。

「女優は芸者を演じているときは芸者、お姫様を演じているときにはお姫様に見えなければならないの。だから、女優が家庭の話やら、子育ての話をしたら、高い入場料を払ってくれるお客様に失礼。こっそり恋愛しても、子供を産んでもかまわないけれど、正式に結婚して、夫や子供のことを語るなんて、もってのほかよ」

私はプライベートを取材されましたし、神津ファミリーとして家族でテレビに出演していましたから、杉村さんの女優像の正反対。杉村さんとは五歳のとき、映画『小鳥の春』でご一緒させていただいて以来の長いお付き合いがありましたが、教えに背《そむ》くかたちになってしまったわけです。

それで、子育てを終えた頃、楽屋を訪ねて、聞いてみたんです。

「先生、私はキャリアは長いんですが、代表作と呼べる作品がありません。やっぱり、結婚して、三人の子供を産み育てたからでしょうか？」

＊59　1906年生まれ、1997年没。日本を代表する舞台女優。代表作に『女の一生』。5歳年下の医学生、10歳年下の医者と2度の結婚歴がある。文学座同僚で『女の一生』の劇作家・森本薫と不倫関係だったことも有名。二人の夫、森本は結核で早世

すると、杉村さんはきっぱりこう言ったんです。

「当たり前ですよ。片手間で女優はできません」

いまの時代、杉村さんがおっしゃるほどではなくてもいいと思います。お世辞も含めてでしょうけれど、「メイコさんって芸能人っぽくないですね」とか、「普通でいらっしゃいますね」とよく言われるんです。

でも、そんなことはないんです。

「ところがどっこい、私は芸能人なのよ。すごい芸能人特有の遊びもしたし、恋もしたし、逃げ方も上手なのよ」

と心の奥底では思っていました。まあ、〃一線を越える〃ことはなかったんですけれども。

不倫も含めて、芸能人は世間の規範から外れて、ちょっと悪いこと、不良っぽくいることも、大切なことだと思うんです。きちんと遊んで、芸を見せる。ただ、それを世間にさらすこともないということなんです。

八十歳を過ぎて、改めて人生を振り返ってみると、やっぱり運がよかったと、つくづく思っているところです――メイコ

大女優、大スターになれなかったことには忸怩《じくじ》たる思いもあるんですが、自分自身、そういうタイプではなかったと割り切れてもいます。

結婚して、「神津」という姓が本名になったとき、「中村メイコ」という看板がなくなったというか、スターとしての意識がスポンとなくなったんです。

結婚したのが二十三歳ですから、その後、ずっと後輩の女優さんが主役の作品でも、全然、抵抗がなくなったんです。ある意味、女優として、リセットしたという。

八十歳で断捨離をしたのも、その流れというか、「場面変わって」という意識でしたから、躊躇《ちゅうちょ》なく、モノを捨てられたんだと思います。

私、花が大好きで、花がないとダメなので、居間や食卓、トイレなど家中に花を飾るんですけど、枯れそうになった花を見ているのはイヤですからね。新しい花を花瓶に挿《さ》しかえますが、それと同じようなことだと思うんです。いろいろ引きずるより、新

陳代謝していくというか、リセットしていかないと、気持ちが落ち着きません。

中村玉緒《なかむらたまお》さんと舞台をやったことがあるんですが、いわゆる二枚看板の芝居でした。一景、二景、三景と幕があって、「ここはメイコさんで幕を切ってください。ここは玉緒さんで幕を切ってください」と演出家の方は気を遣うんです。

ただ、幕切れは玉緒さんと抱き合っていたり、肩を並べていることが多かった。それで、「ここはメイコさんにピンスポットが当たって、幕が閉まりますから」と言われても、最後のライトがきても、玉緒さんを前に出して、幕が切れるようにしちゃっていたんです。玉緒さんは、「いやいや。これ、私でいいんですか？」と戸惑っていらっしゃいましたけれどね。

もともと目は丈夫でなくて、子供の頃、強いライトで失明寸前になったことがあるので、ピンライトが嫌いなんですけど、演出家の方は真剣に怒っていました。

「メイコさん、どうして、ああいうところでの根性がないんだ」

そういうのは、根性かどうかはわからないんですが……。ただ、女優さんは他人を押しのけてでも、自分を前に出していく気持ちがないと、超一流にはなれません。芸能人特有の強烈な嫉妬心がいい意味で働くわけです。

私は何ごとにも、ケセラセラ。なるようになる、明日は明日の風が吹く、ですからね。

六〇年を過ぎた結婚生活も同じです。いまだに、どんなことが起きても動じない気持ちでいます。いま、神津さんが老いらくの恋の果ての果てみたいな感じになって、もし「この女の子が好きになっちゃったよ」と言われても、「本当？ どうぞ」と言えますからね。嫉妬心や執着心、根性というものを持ちあわせていないのかもしれません。

私は二歳八か月でこの仕事を始めてしまったこともあり、いろいろ欠落しているところがあると自覚していますが、そういう気持ちが持てなかった。ただ、それはそれで、仕方がないことです。

八十歳を過ぎて*60、改めて人生を振り返ってみると、いい時代を生きてこられたと思います。戦後、芸能界に勢いがあり、華やかなときに仕事をすることができ、結婚して、神津さんの奥さんになり、三人の子供の母親にもなり、普通の世界も味わうこともできました。運のいい人生だったと思っています。

〝出来すぎだァ〟って感じ……。スミマセーン。

＊60　昭和９年生まれの芸能人はたくさんいて、1976年に愛川欽也，長門裕之が中心になって親睦団体「昭和九年会」を結成。メイコは紅一点。会員は石原裕次郎、玉置宏、坂上二郎、佐藤允、牧伸二、大橋巨泉、藤村俊二ほかと多彩だが、故人も多い

メイコさんのなかにある人間的な魅力について

メイコさんと話をしていると、ボクの脳裏に浮かんでくる方がいます。

数学者の故森毅《もりつよし》さん。京都大学名誉教授で何度聞いてもボクにはよく意味がわからない「関数空間の解析の位相的研究」を専門にされていました。ある雑誌で連載対談をごいっしょして、親しくさせていただいていました。森さんは生前、こうおっしゃっていました。

「一生懸命、情報を仕入れ、いろんなことを覚えて、再現するのはいいんだけど、そんなものは全部忘れていく。誰と何を話したかなんて、忘れていっていいことだし、忘れるものなんだ。でも、覚えて忘れたこと、話して忘れたことのなかから、何かが沈殿《ちんでん》していく。体験したことは、ディテールでも、何かが確実に沈殿していく。その堆積《たいせき》したものが、教養というんだ。それこそ、大切にしたほうがいい」

メイコさんの場合、たとえば、幼い頃に菊池寛さんと会食したときのことを、詳しくは覚えていない。だけど、確実に沈殿したものがある。徳川夢声さんや榎本健一さん、古川ロッパさんと共演したディテールはよく覚えていないけれど、堆積したものがあるでしょう。電車の乗り方とか、授業参観のこととか、世間の多くのことを知らないかもしれないけれど、沈殿してきたものが深い教養になっていると思う。娘の神津カンナさんはメイコさんは「無知」と「多識」のなかにあると言っていますが、それって特殊で、素晴らしいことだと思うんです。

「選ばれし者の無知と多識、二つ我あり」です。

このアンバランスこそ、メイコさんの無双の魅力です。話していて、おもしろいのはそこなのです。トーク番組で台本をつくり、段取りで進めていくことがつまらないとおっしゃっていますが、普段の会話でもそういうふうに進みがちです。想定内の話題の中で、あたりさわりのないトークの応酬。そういうことが多い。ところが、メイコさんと話をしていると、話題は想定外な方向に進んでいくんです。

私は今の今まで、メイコさんはセキセイインコの真似が上手いと思い込んでいましたが、もしかすると、メイコさんは、セキセイインコが人間に化けているのでは？　とすら、思えてくる。

思えば昭和という、一つの元号に戦前と戦中と戦後という三つの時代が濃厚につまっている時代。

戦中に特攻隊の前で歌い、戦後にGHQの前で歌ったメイコさん。

多くの哀しみや悲しみの前で、自分の業はかたく封印し、人々が一瞬でも軽やかになってくれることに邁進《まいしん》してきたのではないか。戦後、泥まみれの心を引きずって歩く人々の行く先を、たまゆら輝かせてくれた〝心のシューシャインボーイ〟として……。

おわりに

私は昭和九（一九三四）年の戌年生まれなので、今年は七回目の年女。ただ、次の八回目の年女は九十六歳。もう私の人生で、年女はないのかなぁと思っています。これまで、もうこの世に未練はない、いつでも死にたいと言ってきたんですが、そう考えると、何かファンというか、私と同時代に生きていたり、関心を持ってくださる方々にメッセージを遺せたら……そんな思いを込めて、一生懸命、話してみました。

親しい方々が次々と亡くなり、さんざん、弔辞を読んできましたが、古舘伊知郎さんに私の告別式で弔辞を読んでいただけたら……そう、思いました。ずうずうしいけれど、この場を借りて、古舘さんにお願いしたいと思います。

私のことをよく知ってくださっている方は、ほとんど鬼籍《きせき》に入られています。そういう意味で、私が「もう言っておかないと」と思っていることに真摯《しんし》に向き合って、今回、話を聞いてくださった古舘さんに、いくら感謝しても感謝しきれません。

古舘さんなら、告別式で素晴らしい弔辞を読んでくださるに違いありません――こんな私でも、この世からいなくなったら、きっとニュースにしていただけるかと思っています。私としては、草葉《くさば》の陰《かげ》からそれを眺めることになりますが、みなさん、古舘さんの弔辞、楽しみにしてくださいね。

もう言っておかないと……タイトルそのままなんですが、本書には、そういう思いをめいっぱい、詰め込めたつもりです。母が晩年に書いた『おチエさんの老青春を生きる』のように、いい冥土《めいど》の土産《みやげ》になると嬉しいなぁ……。

二〇一八年五月十三日

中村メイコ

中村メイコ（なかむらめいこ）

一九三四年五月、作家・中村正常の長女として東京に生まれる。二歳八か月で映画『江戸ッ子健ちゃん』のフクちゃん役でデビュー。以後、女優として映画、テレビ、舞台などで幅広く活躍。一九五七年、作曲家・神津善行と結婚。カンナ、はづき、善之介の一男二女の母親でもある。著書に『夫の終い方、妻の終い方』（ＰＨＰ研究所）、『人生の終いじたく まさかの、延長戦!?』（青春出版社）など多数。

古舘伊知郎（ふるたち いちろう）

一九五四年十二月、東京都生まれ。立教大学卒業。一九七七年に現在のテレビ朝日へアナウンサーとして入社。入社直後から担当した新日本プロレスの実況中継の「過激実況」が人気を呼ぶ。一九八四年に退社、フリーに転身。ＮＨＫと民放キー局五社のすべてでレギュラー番組を持つ。二〇〇四年四月から一二年間、『報道ステーション』（テレビ朝日）のメインキャスターを務めた。現在、バラエティーやトーク番組のＭＣとしてレギュラー多数。

もう言《い》っとかないと

二〇一八年六月三〇日　第一刷発行

著　者　中村《なかむら》メイコ

聞き手　古舘《ふるたち》伊知郎《いちろう》

発行者　手島裕明

発行所　株式会社 集英社インターナショナル
〒一〇一-〇〇六四 東京都千代田区神田猿楽町一-五-一八
電話 〇三-五二一一-二六三二

発売所　株式会社 集英社
〒一〇一-八〇五〇 東京都千代田区一ツ橋二-五-一〇
電話 読者係 〇三-三二三〇-六〇八〇
販売部 〇三-三二三〇-六三九三（書店専用）

印刷所　三晃印刷株式会社

製本所　株式会社ブックアート

ISBN978-4-7976-7349-4 C0095

JASRAC 出 1805757-801